Shane McCrae

Die Sonne stand tief, als ich meinen Vater fand

aufbau

SHANE MCCRAE

DIE SONNE STAND TIEF, ALS ICH MEINEN VATER FAND

Erinnerungen an
eine geraubte Kindheit

Aus dem Amerikanischen
von Monika Baark

aufbau

Die Originalausgabe unter dem Titel
Pulling the Chariot of the Sun. A Memoir of Kidnapping
erschien 2023 bei Scribner, New York.

Die Übersetzerin dankt dem Deutschen Übersetzerfonds für
die großzügige Förderung ihrer Arbeit an diesem Buch.

MIX
Papier | Fördert
gute Waldnutzung
FSC® C083411

ISBN 978-3-351-03897-7

Aufbau ist eine Marke der Aufbau Verlage GmbH & Co. KG

1. Auflage 2024

www.aufbau-verlage.de
10969 Berlin, Prinzenstraße 85

Einbandgestaltung Rothfos & Gabler, Hamburg
Satz LVD GmbH, Berlin
Druck und Binden CPI books GmbH, Leck, Germany

Printed in Germany

Jede Geschichte ist laut Definition
eine Auferstehungsgeschichte.

Catherine Pickstock

Ich hätte nicht weglaufen können,
ohne ewig weglaufen zu müssen.

Sylvia Plath

MEINE GROSSMUTTER DER SEITWÄRTSREGEN

Bevor ich ihn sah, wie er über den Parkplatz des Stoffgeschäfts stürzte, wie er über den Parkplatz des Stoffgeschäfts rollte wie ein GIF zweier unmöglich kleiner grauer streitender Vögel, hunderttausendfach kopiert und eingefügt, wie er durch die Luft wirbelte über dem Parkplatz des Stoffgeschäfts, die vierhunderttausend Flügel überlappend, ineinandergreifend, wobei jeder der gepaarten Vögel von seinem Gegner wegzuflattern schien, noch während er seinen Gegner angreift, da hatte ich nicht gewusst, dass Regen seitwärts fallen kann. Ich war sieben Jahre alt. Vielleicht war ich neun Jahre alt – jedes denkbare Alter, nachdem mich meine Großeltern entführt und nach Texas gebracht hatten. Ich war drei bei meiner Entführung, jedes denkbare Alter. Der Tag muss ein Samstag oder Sonntag gewesen sein, denn als meine Großmutter und ich aus dem Stoffgeschäft traten, erschraken wir darüber, wie dunkel der Tag auf einmal war, also muss es Mittag gewesen sein und ich nicht in der Schule. Es sei denn, es war ein Sommertag. Meist, wenn wir im Stoffgeschäft einkauften, immer wenn meine Großmutter im Stoffgeschäft einkaufte, gingen wir in einen Michaels in einer Ladenstraße unten am Highway 183, gerade weit genug weg, dass die Ladenstraße fremd wirkte, ich fände nie wieder nach Hause, wenn man mich je dort stehen ließe, doch an diesem Tag waren wir in ein Stoffgeschäft gefahren, das ich nicht kannte, sein Name ist mir heute eine leere Putzfassade. Erinnere ich mich falsch?

Meine Großmutter – die Mutter meiner Mutter – war weiß, genau wie mein Großvater und meine Mutter; mein Vater war schwarz. In meiner Kindheit waren Weiß und Schwarz keine Fakten *über* mich – Weiß war ein Weizenfeld, auf dem ich stand; Schwarz war eine Grube irgendwo auf diesem Feld, verborgen zwischen den irgendwie höher gewachsenen Halmen, höher insofern, als sie aus den bodenlosen Tiefen der Grube wuchsen, um sich der Höhe der anderen Halme auf dem Feld anzugleichen, jenen, die aus der nahen und festen Erde wuchsen. Meine Großeltern und ich wohnten in einem gelben Ziegelsteinhaus, dessen Farbe und Aufbau von einer Laune sprachen, die keiner der Bewohner besaß, wobei mein Großvater dem Haus hin und wieder einen neuen Anstrich gab, immer gelb, und auch wenn er nichts wusste von dem gelben Ziegelsteinweg, als wir zum ersten Mal vor dem gelben Ziegelsteinhaus standen, denn in seiner Jugend war seine Familie arm gewesen – kein Kino, wenig Bücher, wenn überhaupt Bücher –, irgendwann musste er die Ziegelsteine neu angestrichen haben und an den *Zauberer von Oz* gedacht haben, ein gelbes Ziegelsteinhaus in Round Rock, einem Vorort von Austin. Wir wohnten in einem Haus, das lustiger war als derjenige, der für seine Lustigkeit gesorgt hatte. Über die nächsten paar Jahre, vorausgesetzt, ich war sieben, als ich den Regen seitwärts fallen sah, über die nächsten paar Jahre stand unser Haus zum Verkauf, und während unser Haus unverkauft blieb, sollte meine Großmutter selbstständige Maklerin und Hausgutachterin werden. Zunächst sollte sie als Maklerin für ein Maklerbüro mit einem rot-weißen Farbkonzept wie den Farben der H-E-B-Supermärkte arbeiten, nur dass das H-E-B-Schild rot mit einem weißen Ring zwischen dem Rot des Schildes und seinem roten Rand war, doch ich stellte mir Weiß am Rande des Schildes oder tief im Innern des Schildes vor – ich stellte mir Weiß als letzten Schliff für alle farbigen Gegenstände vor. Als sie zum ersten Mal mit mir zum H-E-B ging, nah genug an zu Hause, dass ich nach Hause laufen könnte, wenn man mich dort stehen ließe, aber weit genug weg von zu Hause, um unterwegs aufgeben zu müssen, nachdem wir fertig waren mit Einkaufen, kurz nachdem wir in den Datsun gestiegen waren, einen saharafarbenen Datsun 210, Baujahr '81, um nach Hause zu fahren, erzählte mir meine Großmutter, H-E-B stehe für Herbert E. Butts, und das fand ich wahnsinnig komisch, aber neulich las ich irgendwo oder glaubte irgendwo gelesen zu haben, dass Herbert E. Butts zu Lebzeiten ein nicht unbedeutender Wohltäter war. Aber hieß er überhaupt Herbert E. Butts? Erinnere ich mich falsch?

Das braun-gelbe Maklerbüro sollte zum rot-weißen Maklerbüro werden und meine Großmutter von der Veränderung mitgerissen und getragen werden.

Doch sie sollte nie reich werden, nicht in Eigenregie. Aber hin und wieder versuchte sie, reich zu werden – wie damals, nachdem wir in den Nachrichten einen Bericht über die Cabbage Patch Kids gesehen hatten, nach denen gerade alle verrückt waren, ich erinnere mich an lange Einstellungen von leer gekauften Gängen ohne eine einzige Puppe, und an meine Überlegung, ob diese Aufnahmen aus unserem örtlichen Toys »R« Us stammten, als sie eine einsame Cabbage-Patch-Puppe auftat, eine schwarze Jungenpuppe namens Fritz, und nach Vorbild des kleinen schwarzen Körpers ihre eigenen Puppen nachnähte, weiße Puppen, die sie »Abbage Patch Kids« nannte, und sie fertigte am Kopierer, den sie sich für ihr Maklerbüro gekauft hatte, Kopien von Fritz' Geburtsurkunde an, auf denen sie sowohl das C von »Cabbage« als auch das »X« von »Xavier«, dem Erfinder der Cabbage Patch Kids, mit Tipp-Ex übermalte. Sie versuchte die Puppen auf dem Garagenflohmarkt zu verkaufen, den wir ein paar Wochen später abhielten, und dann nochmal auf dem Garagenflohmarkt, den wir ein paar Jahre später abhielten, und dann gab sie auf. Abbage Patch Kids von Avier.

In unserem Esszimmer, an der Wand neben dem Gang zur Wäschekammer gegenüber der Küche, hing ein Porträt meiner Großmutter in ihrem letzten Jahr auf der Highschool. Als das Porträt gemalt wurde, war sie bereits verheiratet gewesen und wieder geschieden worden. Auf dem Porträt sah sie aus wie die junge Elizabeth Taylor, keine achtzehnjährige Elizabeth Taylor, sondern eine Elizabeth Taylor Mitte zwanzig, wobei die Augen meiner Großmutter nicht violett waren, sondern braun, und ihre Haare kurz und lockig – eine Elizabeth Taylor, die das Elizabeth-Taylor-Sein knapp verfehlt hatte, im Profil vor einem nichtssagenden weißen Hintergrund mit Blick hinauf zu etwas ein wenig Größerem außerhalb des Porträts. Mein Großvater war Kunstmaler, nicht von Berufs wegen, sondern als Hobby, das Porträt stammte aber nicht von ihm – er und meine Großmutter kannten sich noch nicht, als das Porträt gemalt wurde. Seine Spezialität waren naturalistische Ölgemälde. Doch an der Wand rechtwinklig zu der Wand mit dem Bildnis hing dräuend das einzige experimentelle Bild meines Großvaters, anderthalb Meter hoch und einen halben Meter breit, eine Parodie von Jackson Pollocks Drip Painting, wobei die Farbpalette auf Dunkelrot und Braun beschränkt war und die Farbe dick geschichtet, um jeden Zentimeter Leinwand zu ersticken und starr und zugleich auf ewig die Leinwand hinunterzusickern, aber viel zu langsam, um die Bewegung nachvollziehen zu können.

(Einmal, mitten in der Nacht, als ich ungefähr acht Jahre alt war, dachte ich, ich hätte den Teufel in der Wäschekammer gesehen, gleich hinter der Stelle, wo das Porträt meiner Großmutter hing. Er hatte Hörner, einen Schwanz und eine Mistgabel in der Hand, doch sein Körper war eine Leere mit einem Umriss aus knisterndem rotem und gelbem Rauschen. Ich hatte mich aus dem Bett geschlichen, um mir ein Glas Kool-Aid zu holen, und als ich ins Wohnzimmer kam, sah ich den Teufel hinten aus dem Dunkel der Wäschekammer auftauchen, vielleicht zehn Meter vor mir, am anderen Ende des Wohnzimmers, und während er auf mich zuglitt, lehnte er sich erst gegen den pistaziengrünen Trockner, dann gegen die pistaziengrüne Waschmaschine daneben, dann gegen den großen hölzernen Schrank, der neben Waschmaschine und Trockner stand und groß genug war, um sich darin zu verstecken, und als er in der Tür stand, spähte er um die Ecke und mir direkt in die Augen. Ich trat zurück und blinzelte, und er löste sich in Luft auf.)

Das Porträt meiner Großmutter hing im rechten Winkel zur Parodie meines Großvaters. Dazwischen stand unser Esstisch, immer für sechs gedeckt, obwohl wir nur zu dritt waren, aber manchmal kam meine Mutter Denise vorbei – ich nannte meine Großeltern »Mom« und »Dad« und meine Mutter »Denise« –, vom anderen Ende von Austin oder aus Dallas oder aus San Antonio. Der Tisch hatte einen verchromten Metallrahmen, in dem die gläserne Tischplatte ruhte wie eine große Fensterscheibe, doch durch das Glas hindurch sah man nur das riesige X der beiden Rohre, beide etwa vom Durchmesser eines Zehn-Cent-Stücks, die die Tischbeine zusammenfügten und verstärkten und dreißig Zentimeter über dem Teppich angebracht waren, und darunter den toffeefarbenen Teppich. Das Glas ruhte nur auf dem Gestell selbst; der Tisch sah aus wie eine gestalterische Mutprobe. Wir müssen an diesem Tisch gegessen haben, aber ich erinnere mich nicht, dass wir je an diesem Tisch gegessen hätten, ich weiß nur noch, dass ich einmal unter Tränen aufstand, um in mein Zimmer zu gehen, und der kühle Rahmen des Tisches drückte sich durch mein dünnes T-Shirt in meinem Bauch, und mein Teller Spaghetti Bolognese war nur halb aufgegessen, und ich stand auf, doch mein Großvater muss gebrüllt haben: »Setz dich hin«, denn sofort setzte ich mich wieder hin, ich ließ mich hinplumpsen, und meine Großmutter sagte, immer noch kauend: »Du hast Glück. Wenn Denise ihren Teller nicht leer essen wollte, hab ich ihr mit der Gabel in die Hand gestochen.«

Meine Großeltern erzählten mir immer, unser Haus sei über dem größten Höhlennetzwerk von Texas gebaut worden, und das nächtliche Knirschen, das ich hörte, sei das Haus, das langsam in die Höhlen hinabsinke. Irgendwann, dachte ich, würde unser Haus in die Höhlen fallen und einfach weg sein. Aber keine Sorge, sagten sie dann – sagte meine Großmutter dann –, bevor das passiert, sind wir längst nicht mehr hier. Keine Sorge, sagten die beiden dann – sagte meine Großmutter dann –, das werden wir nicht mehr erleben.

Das unbeliebte Kind

Ich habe den Kindergarten der Good Shepherd Lutheran School besucht und dann die erste Klasse übersprungen. Oder ich habe die erste Klasse der Good-Shepherd-Schule besucht, nachdem ich den Kindergarten übersprungen hatte. Letztere Geschichte war die Geschichte, die mir erzählt wurde und die ich anderen erzählte, als ich ein Kind war, aber ich habe mindestens eine Erinnerung an den Kindergarten – darin baue ich in einem großen Raum mit fünf oder sechs anderen Kindern eine Burg aus großen roten Pappklötzchen. Doch ich erinnere mich auch an meinen ersten Tag in der ersten Klasse. Ich erinnere mich, dass ich an einer Bank in einem anderen, kleineren Raum saß – der in meiner Erinnerung aber direkt neben dem Raum lag, in dem ich möglicherweise einen Tag lang den Kindergarten besuchte –, und einen Laut vor mich hin summte, von dem ich dachte, niemand anders höre ihn, kein Lied, nur einen einzelnen Ton, mit geschlossenen Augen, und ich erinnere mich, dass ich dachte: »Toll! Ich kann dieses Geräusch machen, und keiner kann's hören! Es gehört mir allein«, und ich erinnere mich an eine Lehrerin, die sich laut räusperte und dann zu mir sagte, ich solle aufhören zu summen. Wie auch immer, da ich, wie es hieß, den anderen Vorschulkindern oder Erstklässlern in ihrer Entwicklung voraus war, übersprang ich – trotz des Summens, trotzdem ich ein Kind war, das so etwas tat oder weil ich ein

Kind war, das so etwas tat – mit fünf oder sechs eine Klasse. (Kann ich heute wissen, ob ich begabt war oder einfach nur sonderbar? Würde ein Entführer eher glauben, das geraubte Kind sei begabt? Man würde doch denken, vermutlich zum Teil auf eigene Gefahr, das geraubte Kind sei wertvoll, oder? Aber warum habe ich den Verdacht, dass ein Entführer eher denken würde, das entführte Kind sei einfach nur sonderbar und aus diesem Grund in seinen Augen weniger wert als ein anderes Kind? Sie zogen mich groß, aber ich weiß nicht, was meine Entführer von mir hielten, ich weiß nur, dass sie meine Schwarzheit nicht mochten und mich wahrscheinlich weniger wertschätzten, als sie ein weißes Kind wertgeschätzt hätten. Aber wäre ich weiß gewesen, hätten sie mich nicht entführt – oder doch, meine Großmutter hätte es vielleicht getan, aber aus anderen Gründen –, denn sie entführten mich, um mich vor meiner Schwarzheit zu retten, wodurch sie in ihrem Haus einen Raum für Schwarzheit schufen.) Ich musste von der Good-Shepherd-Schule – die in meiner Erinnerung ein paar Kilometer von unserem Haus entfernt inmitten von Bäumen am Rand eines Areals lag, das irgendwann zu einer Art Country Club namens Lago Vista ausgebaut werden sollte, auf dem meine Großeltern für einige Jahre unrentablerweise ein kleines stoppeliges trockenes Stück Land besitzen sollten – auf eine öffentliche Schule wechseln, um dort in die zweite Klasse zu gehen.

Als ich in die zweite Klasse kam – an der Forest North Elementary, die gegenüber vom Haus meiner

Großeltern lag, wobei ich mit »gegenüber« sowohl die andere Straßenseite als auch eine lange Auffahrt meine, die im Prinzip eine eigene Straße darstellte und ein Gewässer überquerte, das dort, wo es unter der Auffahrt verschwand, ein schmales Flüsschen war und dort, wo es wieder auftauchte, ein großer breiter Teich –, als ich in die zweite Klasse kam, war ich sechs und somit jünger als die anderen Zweitklässler. Möglich, dass das ein Versehen war, das der Nähe meines Geburtstags zum Anfang des Schuljahres geschuldet war, kann auch sein, dass es, wie meine Großeltern meinten, mit ihrem Entschluss zusammenhing, mich den Kindergarten oder die erste Klasse überspringen zu lassen. Wie auch immer, als ich in die zweite Klasse kam, war ich sowohl jünger als auch größer als meine Mitschüler. Außerdem war ich unbeliebt – womöglich das am wenigsten beliebte Kind in der zweiten Klasse. Damals schien mir meine Unbeliebtheit nicht nachvollziehbar – immerhin sah ich aus wie der junge Michael Jackson, und Michael Jackson war beliebt –, aber heute begreife ich, dass meine Unbeliebtheit von Anfang an auf der Forest North nicht zu vermeiden war. Immerhin sah ich aus wie der junge Michael Jackson, und fast alle anderen Kinder sahen aus wie sie selbst, mit anderen Worten, sie waren weiß.

Eines Tages, es war Bibliothekstag, ich glaube, es war der erste Bibliothekstag des Jahres und somit mein erster Bibliothekstag überhaupt, denn auf der Good Shepherd hatten wir nie einen Bibliothekstag, da entfernte ich mich von meiner Klasse, fand die Bücher über den Zweiten Weltkrieg und nahm mir ein paar dieser Bücher mit an einen Tisch in der Mitte des Raums, die Bibliothek war ein einziger großer Raum, und dort, nachdem ich mir die Kampfflugzeuge der Alliierten und der Achsenmächte angesehen hatte, und nachdem ich die, wie mir schien, generelle Überlegenheit der P-51 Mustang gegenüber allen deutschen Kampffliegern beklagt hatte, nahm ich einen schwarzen Filzstift aus meinem Mäppchen und bemalte mein weißes T-Shirt mit Hakenkreuzen. Als ich die Bücher zurück zum Regal brachte, bemerkte die Lehrerin, deren Namen ich vergessen habe, mein T-Shirt, packte mich am Ärmel und fragte: »Warum tust du so was?«, und sie schickte mich zur Direktorin, deren Namen ich sehr wohl noch weiß, nämlich Mrs Hood, und die mir damals vorkam wie Göttin und Statue zugleich und deren Haar wie eine große Wolke aus goldenem Stahl war, und die Sekretärin schickte mich zum Umziehen nach Hause. Also ging ich nach Hause. Nachdem ich meiner Großmutter erklärt hatte, warum ich nach Hause geschickt worden sei, sagte sie – es war ein gezügelter Aufschrei: »Was für ein Blödsinn. Das ist doch kein Grund, dich nach Hause zu schicken.« Überall um sie herum sahen meine Großeltern Dinge, die von Leuten getan wurden, die ihrer Einschätzung nach aus moralischen Gründen oder aufgrund von biologischer Unterlegenheit, oder beidem, diese Dinge nicht hätten tun dürfen, und das machte meine Großeltern, vor allem meinen Großvater, aber auch meine Großmutter, sowohl wütend als auch traurig – wobei ihre Traurigkeit meist in Gestalt von schäumender Wut daherkam. Meine Großmutter telefonierte mit der Schule und schickte mich an diesem Tag nicht zurück. Zu keinem Zeitpunkt – weder in der Schule noch zu Hause – fiel je ein Wort über den Holocaust oder nur über den Nationalsozialismus als solchen. Als mein Großvater von der Arbeit nach Hause kam, verprügelte er mich, weil ich mein T-Shirt ruiniert hatte.

Als meine Großmutter achtundzwanzig wurde, war sie seit einem halben Jahr in fünfter Ehe verheiratet. Mein Großvater war der fünfte Ehemann meiner Großmutter. Sie hatte ihren ersten Mann mit fünfzehn geheiratet, 1949 oder 1950 – ich bin nicht sicher, wie alt er war, aber wahrscheinlich fünfzehn oder sechzehn; sie waren im selben Jahrgang an der Highschool in Walla Walla, Washington. Meine Großmutter hatte immer darauf beharrt, dass sie das beliebteste Mädchen an ihrer Schule gewesen sei und den beliebtesten Jungen geheiratet habe, den Starathleten der Schule, Kapitän des Footballteams, auch Quarterback, Kapitän des Basketballteams, den Jungen, der später Profifootballspieler und Millionär werden sollte. Die beiden waren mit allen befreundet, sogar mit dem einzigen schwarzen Schüler an ihrer Schule, einem Jungen in ihrem Alter. An den Wochenenden brachten sie ihn mit dem

Auto in den Nachbarort, damit er sich mit Mädchen treffen konnte – in Walla Walla gab es keine schwarzen Mädchen, und mit einem weißen Mädchen konnte er nicht ausgehen. Laut meiner Großmutter hatten sie und ihr erster Mann sich auf Beharren des Trainers ihres Mannes scheiden lassen – zu jener Zeit wurde allgemein angenommen, Geschlechtsverkehr raube einem Sportler die Kraft.

Wie konnte es sein, dass es in Walla Walla keine schwarzen Mädchen gab?

Der erste Mann meiner Großmutter, der 2003, zwei Jahre vor meiner Großmutter, starb, war für mich immer ein Schattengroßvater, obwohl ich ihn nie kennengelernt habe, nicht mal am Telefon – wobei, wenn er und meine Großmutter zusammengeblieben wären, hätte es meine Mutter, die die biologische Tochter des dritten Mannes meiner Großmutter ist, nie gegeben. Wie sonst soll man die Beziehung zwischen uns nennen? Meine Großmutter sprach so oft von ihm – wobei sie nie etwas Besonderes über ihn sagte, außer, dass er beliebt war, und ein Starathlet, und irgendwann Millionär wurde; ich weiß nicht, ob er liebenswürdig, witzig oder intelligent war –, sie sprach so oft von ihm, vor allem, nachdem sie sich von demjenigen Mann, den ich als Junge Großvater nannte, scheiden ließ, dass ich dadurch eine Verbindung zu ihm aufbaute, wobei ich in den Telefonaten, die die beiden in den letzten Jahres seines Lebens führten, wahrscheinlich nie eine Rolle spielte. Nach fünfzig Jahren redeten sie wieder miteinander, meine

Großmutter mit glühenden Wangen wie damals als Mädchen, sie und mein Schattengroßvater, meine ersten Großeltern, wie sie damals in ihrer Jugend geredet hatten, auf dem Vordersitz des himmelblauen Ford Cabrio, von dem sie immer sprach, wobei sie nie erzählte, wem er gehörte, und den ersten schwarzen Jungen, der meinen Großeltern jemals leidtat, in den nächstliegenden Ort brachten, wo er sich verlieben konnte, woandershin als dort, wo sie wohnten.

Ich nenne meine Mutter die *biologische* Tochter des dritten Mannes, weil meine Großmutter ihn immer als meinen biologischen Großvater bezeichnete. Als meine Mutter zwei Jahre alt war, nahm meine Großmutter sie meinem biologischen Großvater weg, sie brachte meine Mutter weg und erzählte meinem biologischen Großvater nicht, wohin sie sie brachte, genau wie meine Großmutter später mich meinem Vater wegnehmen, mich entführen sollte, und erst mit sechzig fand meine Mutter ihren biologischen Vater wieder. Jahre, nachdem meine Großmutter sich von meinem biologischen Großvater scheiden ließ, elf Jahre später, inzwischen war der Mann, den ich meinen Großvater nenne, mit meiner Großmutter verheiratet und zog seit acht Jahren meine Mutter groß, und als sie dreizehn war, wurde meine Mutter von meinem Großvater adoptiert, von dem Mann, den ich noch immer meinen Großvater nenne, obwohl ich beim Gedanken an ihn immer denke, dass er von mir enterbt worden sei, dass ich ihn enterbt habe. Aber ist es möglich, jemanden in umgekehrte Richtung zu enterben? Den Begriff habe ich immer auf Ältere bezogen, die ihre jüngeren potenziellen Nutznießer enterben. Wenn es möglich ist, betrachte ich ihn als enterbt, und wenn nicht, habe ich es zumindest behauptet.

Mein Großvater und meine Großmutter heirateten, als meine Mutter fünf war, und zur selben Zeit erklärte er sich bereit, sie mit dreizehn zu adoptieren, wenn sie brav war. Danach schlug er sie, bis sie brav war. Danach schlug er sie nur noch.

Beim Schreiben dieses Memoirs habe ich mich die meiste Zeit auf meine Erinnerung verlassen. Beim Schreiben dieses Memoirs habe ich eigentlich gedacht, dieses Memoir handle von meiner Erinnerung, es diene dem Andenken an meine Erinnerung. Hin und wieder habe ich jedoch um der Genauigkeit willen recherchieren müssen. Weil ich zum Andenken an meine Erinnerung schreibe, schreibe ich in dem Wissen, dass einiges von dem, was ich schreibe, ungenau sein wird – sofern sich jede Person, jedes Ich, aus akkumulierten Erinnerungen zusammensetzt, setzt sich jede Person aus Genauigkeiten wie auch aus Ungenauigkeiten zusammen. Aber ich gebe mir Mühe, im Hinblick auf andere Menschen so korrekt zu sein, wie ich kann, dort, wo sich Informationen über andere Menschen bestätigen lassen. Erst kürzlich – gestern – habe ich festgestellt, dass das, was meiner Mutter und mir von ihrer frühen Kindheit erzählt wurde, nämlich, dass sich meine Großmutter vom biologischen Vater meiner Mutter scheiden ließ, als meine Mutter zwei war, nicht stimmt. Da ich die Scheidungsurkunde gesehen habe – gestern zum ersten Mal, aber ich besitze eine Kopie und habe gerade noch mal einen Blick darauf geworfen, aber zwischen dem ersten Blick und dem gerade eben habe ich mindestens ein Dutzend Blicke darauf geworfen –, weiß ich jetzt, dass meine Mutter knapp zehn Monate alt war, als meine Großmutter von ihrem Vater die Scheidung verlangte (ebenso wie meine Großeltern mir erzählten, ich sei achtzehn Monate alt gewesen, als meine Mutter mich in ihre Hände gab und sie mich nach Texas brachten, obwohl ich in Wahrheit drei Jahre alt war, als sie mich entführten). Die Urkunde besagt aber auch Folgendes, nämlich unter »Familienstand, Namen und Alter der betroffenen Kinder«: »Dem Beschuldigten wird das Sorgerecht des einzigen Kindes übertragen, eines Mädchens im Alter von circa einem Jahr, geboren während dieser Ehe, jedoch hervorgegangen aus der vorigen Ehe.« 2017 fand meine Mutter, die diese Urkunde nie zu Gesicht bekommen hatte und der man nie eine genaue und vollständige Darstellung ihres Inhalts gegeben hatte, nach langer Eigenrecherche den Mann, der laut meiner Großmutter ihr biologischer Vater war – der Mann, von dem sich meine Großmutter laut dieser Urkunde hatte scheiden lassen. Sie war sechzig. Er war noch am Leben, ist, soweit ich weiß, noch heute am Leben. Der Mann, der laut dieser Urkunde tatsächlich ihr biologischer Vater war, starb 2005. Aber ich kann nichts mehr über ihn finden, da meine Großmutter tot ist und keine Tagebücher hinterlassen hat, keine Briefe, nur Fotos von ihrer letzten Familie, sie, mein Großvater und ich, und Fotos von ihren Eltern als Frischvermählte, und Fotos von ihren Eltern mit ihr und ihren Geschwistern, als ihre Eltern jung waren und sie und ihre Geschwister Kinder waren, als habe sie nie eine andere Familie gehabt zwischen ihrer ersten Familie und ihrer letzten. Da ich zum Teil die Geschichte bin, die mir über meine Mutter erzählt wurde, die Geschichte, die ihr erzählt wurde, kann ich die Geschichte nicht auslöschen. Aber ich bin nicht die Geschichte, die mir erzählt wurde. Das blubbernde Gefühl, wenn sich deine Gene unter deiner Haut verändern.

An einem wolkigen, trockenen Tag waren wir frühnachmittags zum Stoffgeschäft gefahren, und ein paar Minuten später kamen wir aus dem Geschäft, und es war Nacht und stürmte. Meine Großmutter und ich standen unter der Markise vor den automatischen Schiebetüren, und sie sagte, ohne sich nach mir umzudrehen: »Hast du jemals solchen Regen gesehen?« Dann hielt sie sich ihre Handtasche vor die Nase und beugte sich darüber, kramte nach der zusammengefalteten Plastikhaube, die sie immer dabeihatte. Wenige Minuten, nicht lange, vielleicht zehn Minuten zuvor waren wir durch die automatischen Türen in den Laden gegangen und schnurgeradeaus durch einen breiten Gang gelaufen, der das Geschäft in zwei Hälften trennte. Sämtliche Gänge zweigten vom trennenden Gang im rechten Winkel ab. Meine Großmutter war direkt den trennenden Gang hinunter und bis zum vorletzten Gang links gelaufen; ich war ihr mit geringem Abstand gefolgt. Während sie die Regale sichtete, fragte ich sie, ob ich nach Spielsachen gucken dürfe, da ich in diesem Stoffgeschäft noch nie gewesen war, und obwohl ich wusste, dass es wahrscheinlich keine Spielsachen gab, war ich mir dessen nicht *ganz sicher*, und obwohl sie sagte: »Ich brauch nur eine Sache, und das gibt's hier anscheinend nicht«, ließ sie mich trotzdem gehen, und ich rannte los, zurück durch den trennenden Gang.

Als Kind liebte ich im Grunde jede Art von Geschäft, außer Stoffgeschäften und Baumärkten, die beide am Rand meiner Vorstellung von Weiblichkeit und Männlichkeit existierten. Damals wäre ich nie darauf gekommen, die Langeweile, die mich in Baumärkten überkam, mit der Langeweile, die mich in Stoffgeschäften überkam, zu vergleichen, aber heute begreife ich, dass ich erstere um einiges langweiliger fand als letztere, obwohl ich mich für einen männlichen Jungen hielt. Stoffgeschäfte waren zumindest bunt. Ich hätte es damals nicht laut ausgesprochen, aber als Kind war Weiblichkeit für mich bunt, Männlichkeit dagegen ein grau verschwommener Fleck aus Gewalt.

Ich rannte den trennenden Gang hinunter, blieb alle paar Schritte stehen, um erst den Gang zu meiner Linken nach Anzeichen von Spielsachen abzusuchen, dann den Gang zu meiner Rechten. Baumärkte konnten mir nicht vorgaukeln, ich hätte am hinteren, schmalen Ende eines Ganges Spielsachen gesehen; Stoffgeschäfte aber boten eine Illusion nach der anderen – Rot und Blau und Gelb und Grün in sämtlichen Regalen, Wand für bunte Wand wirkte auf den ersten Blick wie eine Wand voll Spielzeug. Eine Illusion jagte die nächste. Ich rannte von Illusion zu Illusion, vom hinteren Ende des Geschäfts bis zum Eingang, und wenn der Sturm schon aufgezogen war, sah ich ihn durch die Scheiben der breiten automatischen Türen nicht, doch ich blieb gleich hinter dem Gang nahe dem Eingang stehen, gleich hinter der letzten Illusion, und machte kehrt und rannte den trennenden Gang zurück zu meiner Großmutter, um die Illusionen von Neuem aufzubauen, obwohl ich wusste, dass es Illusionen waren, um sie aufs Neue zu sehen, aber so, als sähe ich sie zum ersten Mal.

Eine Entführung ist ein Gespräch zwischen Erwachsenen, während zur selben Zeit ein Kind schreit.

Das Kind schreit. Das Kind strampelt und weint. Die Erwachsenen, die das Kind mitgenommen haben, können die lauten Rufe der Erwachsenen, denen sie das Kind weggenommen haben, nicht hören, so sehr konzentrieren sie sich auf die Schreie des Kindes, die Gewalttätigkeit des Kindes.

Sie müssen das Kind beruhigen. Wenn das Kind jung genug ist – ein Kleinkind, sagen wir – und das Kind seine Entführer kennt und liebt –, wenn sie, sagen wir, seine Großeltern sind – und seine Entführer ihm bessere Versionen seiner Spielsachen versprochen haben, die es zwangsläufig hatte zurücklassen müssen, und wenn sie ihm versprechen, dass es seinen Vater bald wiedersehen werde, hört es irgendwann auf, zu schreien, zu strampeln und zu weinen. Wenn seine Großeltern ihm schnell etwas Süßes geben, zum Beispiel Eis, und ihm dann allmählich, nicht sofort, aber bald, nachdem sie es mitnehmen, über Monate, dann Jahre, einreden, sein Vater habe es nicht gewollt und die Familie seines Vaters sei gefährlich – wenn sie ihm, sagen wir, erzählen, auch wenn es sich vielleicht nicht daran erinnert, jemand aus der Familie seines Vaters, eine Tante oder eine Cousine, auf Drogen, ein schrecklicher Mensch, sei Weihnachten vor zwei Jahren in die Wohnung eingebrochen, wo er mit seiner Mutter wohnte, und habe all seine Geschenke gestohlen –, dann hasst es irgendwann seinen Vater und die Familie seines Vaters, irgendwann sind ihre Gesichter, aber nicht nur ihre Gesichter, auch ihre Stimmen und auch ihre Namen und ihre ganzen Identitäten in seinem Kopf verblasst, und das entführte Kind weiß nicht mehr, wie viele Leute zur Familie seines Vaters gehören, aber es weiß, dass eine Verwandte seines Vaters ihm seine Weihnachtsgeschenke gestohlen hat, und somit weiß es, dass die Familie seines Vaters mindestens aus zwei Personen besteht und dass eine davon eine Diebin ist. Aber nicht nur, dass sein Vater ihn nicht wollte, nicht nur, dass seine Tante oder Cousine ihn bestohlen hat, auch alle, die aussehen wie sein Vater, alle mit dunkler Haut und dunklen lockigen Haaren und dunklen Augen, alle, die aussehen wie das entführte Kind, nur dunkler, sind genau wie sein Vater und seine Tante oder Cousine – sie alle sind Verbrecher, und keiner von ihnen liebt das Kind. Werden ihm all diese Dinge erzählt, wird das entführte Kind dieselben Menschen hassen, die seine Entführer hassen, aber nicht auf dieselbe Weise – ihr Hass ist ein stiller blauer Teich, in denen sich ihre Gesichter spiegeln; der Hass des entführten Kindes wird ein milchig grauer aufgewühlter Ozean sein, auf dem kein Bild ruhen kann. Ihr blaues Wasser ist die weiße Haut von Wasser, über die die weiße Spur des Streitwagens der Sonne verläuft; sein graues Wasser ist schwarz. Das Kind zieht den Streitwagen der Sonne entlang des Himmels über dem Wasser durch Wolken, so dicht und dunkel, dass es hinter sich den Wagen nicht sehen kann, obwohl die Hitze des Wagens durch die Wolken dringt und ihm den Rücken versengt, obwohl es denkt, es laufe vor dem, was es hinter sich herzieht, davon.

Vorbei an einer Illusion nach der anderen rannte ich den Mittelgang des Stoffgeschäfts hinauf, den trennenden Gang, zurück zu meiner Großmutter. Und wenn ich die Bewegung im Geiste vervollständige, laufe ich ihr am Ende in die Arme. Sie trägt eine Jeans, einen langärmligen weißen Rollkragenpullover und goldene Kreolen, und ihre Arme sind weit geöffnet, und ich springe fast hinein. Die offenen Arme und der Sprung, an den ich mich aus zahllosen Filmen erinnere, die Jeans, an die ich mich aus dem Leben meiner Großmutter erinnere, wobei ich gar nicht sicher bin, ob sie jemals Jeans trug, als ich ein Kind war, der Rollkragenpullover, an den ich mich aus einem Musikvideo erinnere, keine Ahnung aus welchem, aber ich bin ziemlich sicher, dass der Rollkragenpullover der Frau in dem Video, wer immer sie gewesen sein mag, ironisch gemeint war, und an die Kreolen erinnere ich mich von irgendwann danach – Jahre später, als meine Großmutter im Sterben lag.

Doch meine Großmutter und ich tauschten nur selten Zärtlichkeiten aus. Über die Jahre zeigten wir einander unsere Zuneigung, indem wir nicht aufhörten, miteinander zu reden. Die meisten unserer Gespräche nach ihrer Scheidung von meinem Großvater drehten sich um meinen Großvater oder um meinen Schattengroßvater oder darum, wie wenig Geld wir hatten. Die meisten unserer Gespräche vor ihrer Scheidung von meinem Großvater drehten sich um ihre Jugendjahre oder ihre österreichischen Vorfahren und dass sie nicht anders könne, als sich auf die Seite der Nazis zu schlagen, allein aus Loyalität.

»Was bedeutet ›Achtung‹?« (Ich hatte das Wort in einem *Sgt. Rock*-Comic gelesen.)

Sie erklärte es mir. »Und wenn ein Soldat vor einem anderen salutierte, hob er den Arm, so, und sagte ›Heil Hitler‹.«

»So?«

»Genau so.«

Ich rannte dorthin zurück, wo meine Großmutter war – aber nicht zurück zu ihr, zurück zu dem Gang, in dem sie war, langsamer werdend trabte ich zurück zu dem Gang. Langsamer werdend bog ich im Schritttempo in den Gang, in dem sie war. Langsam ging ich zurück zu meiner Großmutter. Sie hatte den Gang nicht verlassen. Sie sah aus, als suchte sie die Regale am hinteren Ende des Ganges ab, suchte alles ab, oder als inspizierte sie sie, den Kopf im Nacken, um durch die bifokalen Gläser ihrer Brille den Blick nach unten richten und die Waren vor ihr sehen zu können. Aber kaum dass ich in den Gang gebogen kam, fragte sie: »Bist du so weit?«

Jahre später, als ich ein Teenager bin und mein Gesicht von Akne übersät ist, wird sich meine Großmutter oft direkt vor mich hinstellen, wenige Zentimeter vor mich, den Kopf in den Nacken legen und ähnlich wie die Regale mein Gesicht inspizieren, nicht um das zu sehen, wonach sie sucht, einen gut aussehenden Jungen, in den sie sich als Mädchen vielleicht verliebt hätte – in den Jahren, in denen sie mein Gesicht inspiziert, sagt meine Großmutter häufig zu mir, ich hätte einen »hübschen Popo«, wobei der sexuelle Unterton auf unsichere Weise in der Schwebe bleibt; gleich beim ersten Mal, als sie diese Bemerkung macht, geht sie in die Defensive, indem sie etwas Ähnliches oder manchmal auch genau Folgendes sagt: »Was denn? Man wird doch wohl mal gucken dürfen« –, stattdessen aber sieht sie mein Gesicht, meine gärenden Poren, mein schwarzes Gesicht.

Als ich drei Jahre alt bin, entführen mich meine Großeltern. Für den Großteil meines Lebens habe ich nicht gewusst, wie ich das, was sie getan haben, nennen soll – als Kind bin ich nie darauf gekommen, »Entführung« dazu zu sagen. Und immer wenn meine Mutter mir erklärte, warum ich bei meinen Großeltern lebte und nicht bei ihr, wie sie es fast jedes Mal tat, wenn wir uns sahen, erklärte sie es mir so behutsam wie möglich, aber auch mit leiser Stimme, im Flüsterton fast, sodass ihre Tat nach etwas Normalem aussah, aber auch ein bisschen nach etwas, über das ich mit niemandem reden durfte. Mein Großvater hatte sich immer einen Sohn gewünscht, und obwohl er meine Mutter körperlich misshandelt hatte, obwohl er sie psychisch gesehen immer noch misshandelte, als er ihr sagte, er wolle mich großziehen, dachte sie, weil ich ein Junge war, würde er mich anders behandeln. Als ich drei Jahre alt bin, gelingt es meinen Großeltern also, meiner Mutter einzureden, dass ich es besser hätte, wenn ich bei ihnen leben würde, und keine Sorge, sie könne mich jederzeit besuchen kommen. Und dann überredeten meine Großeltern meinen Vater, mich mitfahren zu lassen auf einen Wochenendausflug an einen nahe gelegenen See, ich glaube, es war ein nahe gelegener See, an den sie mit mir fahren wollten, das Ausflugsziel kann nicht allzu weit weg gewesen sein, und die einzigen Ausflüge mit meinen Großeltern, an die ich mich erinnere, endeten immer an einem See, oder zumindest kamen auf halber Strecke Seen darin vor, und danach will mein Vater mit mir nach Phoenix, Arizona, fahren, um ein paar Tage bei Verwandten zu verbringen, deren Namen ich nicht kenne – warum finde ich den Gedanken, dass ich diesen Leuten Jahre später hätte begegnet sein können, ohne zu wissen, dass es die Leute waren, die ich mit drei hätte kennenlernen sollen, in den Tagen, die stattdessen die ersten Tage meiner Entführung waren, verstörend? wobei mein Vater sie vielleicht erwähnt hatte, in den Tagen, bevor mich meine Großeltern entführten, meine Familie, wobei es sein kann, dass ich ihre Namen laut aussprach.

Dann bringen mich meine Großeltern von Salem, Oregon, nach Round Rock, Texas, ohne meinem Vater ein Wort zu sagen. Er steht am Montagmorgen vor ihrem Haus in Salem, um festzustellen, dass das Haus nackt und leer ist, es hängen nicht mal mehr die Gardinen. Sie sagen zu meiner Mutter, sie werde mich nie wiedersehen, wenn sie meinem Vater erzähle, wo ich sei – in dem Fall würden sie mit mir nach Mexiko fahren und für immer untertauchen. Ab dem Zeitpunkt der Entführung spricht keiner mit mir über meinen

Vater, außer um mir zu sagen, dass er mich nicht wollte, aber das ist okay, denn er ist schwarz, und dann soll ich ihn eben auch nicht wollen.

Ich wachse damit auf, zu schreien, dass ich ihn dann eben auch nicht will.

Ein Schrei wird immer nur so weit getragen, wie andere Menschen ihn entlang des Weges, den er nimmt, hören wollen, manchmal quer über ein Land hinweg, manchmal nicht mal so weit wie die Lippen, über die er geht – ein Schrei kann ungewollt der Geist seiner selbst sein. Jahrzehnte nach meiner Entführung, Jahrzehnte, nachdem ich ihn wiederfand, erzählte mir mein Vater die Geschichte der Entführung – nicht sofort, nicht gleich beim ersten Wiedersehen nach dem Wiederfinden, nicht beim Mal darauf nach dem Wiederfinden, nicht, während ich noch bei meiner Großmutter lebte, und dann nicht, während meine Großmutter noch lebte, und dann nicht, während ich vielleicht noch um sie trauerte – nicht die Geschichte der Entführung selbst, eine Entführung kann ein Loch in der Mitte einer Geschichte seiner selbst sein, sie ist sehr oft ein Loch, anders als wenn wildfremde Menschen auf einem Parkplatz neben einem Kind halten und die Schiebetür eines Transporters geht auf, nicht die Geschichte der Teile, die er nicht sah, meine Großmutter, die mich für die Reise anzieht, meine Großmutter, die mich an die Hand nimmt, als sie mit mir von der Haustür zum Auto geht, nicht die Fahrt zum Flughafen, nicht der Flug, das Flugzeug, das viel zu steil in die Luft zu steigen und dann für einen kurzen Moment nach dem Start zurückzurutschen scheint, wobei meine Großmutter denkt, dass sie sterben wird, während ich ekstatisch lache, ein Ereignis, von dem sie in meiner Kindheit noch viele Male erzählen wird, ohne natürlich ein einziges Mal zu erwähnen, dass sie in diesem Moment gerade dabei war, ein Kind zu entführen, nämlich mich. Mein Vater erzählte mir die Geschichte meiner Entführung, wie er sie erlebte – wie er zum Haus meiner Großeltern eilte, nachdem er sie am Telefon nicht hatte erreichen können, an dem Morgen, als sie mich eigentlich hätten zurückbringen sollen, schon von der Straße aus sah das Haus leer aus, von der Straße aus konnte er durch die Fenster sehen, dass das Haus leer war, dennoch lief er durch den Vorgarten und presste seine Stirn gegen ein Fenster und sah hinein, formte mit den Händen einen Tunnel, eine Hand links, eine Hand rechts, um besser das gewaltige Nichts zu erkennen, das sich aus dem Haus ergoss. Jahrzehnte später, inmitten einiger Monate, in denen weiße Amerikaner die Misshandlung schwarzer Amerikaner durch die Polizei öffentlich anerkannten, erklärte meine Vater, warum er nicht die Polizei um Hilfe gebeten hatte, um mich zu finden, nämlich aus demselben Grund, warum er die Polizei auch sonst nie um Hilfe bitten konnte. Eine Geschichte reicht nur so weit, wie andere sie hören wollen.

Der Wunsch

Wenn ich es im Geiste sage, hört es sich selbstverständlich an, aber dennoch scheint es mir etwas zu sein, das ich aufschreiben muss: Ich erinnere mich nicht, wann ich damit anfing, schmerzhafte Erinnerungen zu verdrängen, schmerzhafte Erinnerungen, Erinnerungen an Dinge, die mir unverständlich waren, schmerzhafte Erinnerungen an Ereignisse, an Menschen, die ich nicht in meine Vorstellung von dem integrieren konnte, der ich war – eine Vorstellung, die ich natürlich sowohl verzerrte als auch kreierte, wann immer ich Erinnerungen verdrängte. Aber ich muss jung gewesen sein. Jahrelang, jahrzehntelang habe ich angenommen, dass ich angefangen haben muss, Erinnerungen zu verdrängen, als mein Großvater anfing mich zu schlagen, vielleicht auch kurz danach – vielleicht nach der dritten oder vierten Prügel, oder wie viele Prügel es eben braucht, um einen Jungen, ein Kleinkind oder etwas älter, davon zu überzeugen, dass für ihn die einzige Möglichkeit der Verteidigung darin besteht, seinen eigenen Kopf zu attackieren. *Soeben* – als ich über die Ereignisse im Vorfeld meiner Entführung nachdachte, die Lügen meiner Großmutter, die sie allein meinem Vater erzählt haben muss, da mein Großvater, der, als er erfuhr, dass meine Mutter schwanger und der Vater des Kindes schwarz war, sich ein Jagdgewehr von der Wand schnappte und von seinem älteren Bruder zu Boden gerungen werden musste, mit meinen

Vater gar erst nicht geredet hätte, da mein Großvater ein Mensch war, der einen anderen Menschen töten könnte, ohne mit ihm ein Wort zu reden – soeben geht mir auf, dass ich wahrscheinlich, sogar höchstwahrscheinlich in den Wochen nach meiner Entführung und zumindest teilweise infolge meiner Entführung damit anfing, Erinnerungen zu verdrängen, und gern würde ich sagen, ganz und gar infolge meiner Entführung, nur weiß ich, dass das nicht wahr ist. Ich will sagen, ich begann mein Leben nur zu vergessen, weil ich weggeholt, physisch aus meinem Leben entfernt worden war. Ich will sagen, niemand hätte mich so schlimm verprügeln können, um das Leben mit meinem Vater aus mir herauszuprügeln, obwohl mein Großvater anfing, mich in den Wochen nach meiner Entführung in den Tagen nach meiner Entführung, zu schlagen. Aber genauso wahr wäre es, zu sagen, mein Großvater hätte mich nie so schlimm verprügeln können, um mich davon abzuhalten, ihn eines Tages »Dad« zu nennen.

Ein Vater ist eher ein Wunsch als ein Mensch.

Die weißen Steine. Der Körper in der Halde

Die Gegend, in der ich wohnte, als ich in Round Rock wohnte, war groß und unsicher – die meisten Häuser wirkten alt, obwohl ich glaube, dass sie nur auf dieselbe Art alt wirkten wie alle Gebäude auf kleine Kinder alt wirken, außer diejenigen, die sie vor ihren Augen entstehen sehen, doch alle paar Jahre, eher noch jedes Jahr, sporadisch, begannen Bauarbeiten in irgendeinem Winkel der Nachbarschaft, von dem ich nichts gewusst hatte, und manchmal stieß ich auf leere Felder, die für den Bau von Straßen und Häusern geebnet worden waren, doch die Straßen und Häuser wurden nie gebaut. Auf einem dieser Felder, das ansonsten nur aus Gestrüpp und Erde bestand, beides braun, wenige Meter von der Stelle entfernt, wo die Straße endete und das Feld begann, entdeckte ich – ich war ungefähr sieben Jahre alt, vielleicht acht, und es war Sommer, und ich war auf meinem Fahrrad ziellos durch die Stadt gefahren und hatte beschlossen, in eine Straße einzubiegen, die ich bis dahin noch nicht erkundet hatte – eine Halde, das ist wohl das Wort dafür, und wahrscheinlich gibt es ein Wort dafür, das ich nicht kenne, und ich würde es einen Steinbruch nennen, wäre es nicht so klein gewesen im Vergleich zu anderen Steinbrüchen, die ich kannte. Ich entdeckte eine Halde mit lauter Aufschüttungen aus kleinen weißen Steinen, die genau die richtige Größe hatten, um jemanden damit zu bewerfen. Jede Aufschüttung war vielleicht einen Meter hoch.

Es kommt mir unwahrscheinlich vor, dass ich tatsächlich all das getan habe, woran ich mich bei meinem ersten Ausflug zu der Halde erinnere. Doch diese Formulierung ist irreführend – im Grunde war es nur eine Sache, eine seltsame Sache, aber die seltsame Sache war seltsam genug, dass sie einige Zeit fernab der Halde erfordert haben muss, um den Entschluss zu fassen und auch etwas Zeit, um sie zu planen. Wobei, was hätte es da zu planen gegeben? Und vielleicht war es genau die Art von seltsamer Sache, die man nur spontan macht. Wie auch immer, nachdem ich ermittelt hatte, wann es am unwahrscheinlichsten wäre, dass mich jemand sah, oder nur an die Sache selbst gedacht hatte, die Sache, die ich gerade beschlossen hatte zu tun und von der ich wusste, dass ich sie im nächsten Moment tun würde, lehnte ich mein Fahrrad gegen eine der Aufschüttungen am Rand der Halde und bahnte mir einen Weg zu einer Aufschüttung inmitten der Halde und zog mich nackt aus. Dann stieg ich auf die Aufschüttung und legte mich hin.

Obwohl ich weiß, dass ich mir die Schuhe nicht wieder anzog, bevor ich auf die Aufschüttung stieg, habe ich mir in meiner Erinnerung die Schuhe wieder angezogen, bevor ich auf die Aufschüttung stieg. Ich glaube jedoch, ich erfinde das, denn wenn ich versuche, mir die Schuhe vorzustellen, sehe ich ein Paar braune Budapester vor mir, wie sie mein Großvater trug, ich sehe mich nackt in den Schuhen meines Großvaters, die mir viel zu groß sind, und meine Haut ist fast so blass wie die Steine. Ich bin nicht sicher, ob ich Schuhe anhatte oder wie blass mein Körper war, ob ich fast die Farbe der Steine hatte, ob jemand denselben Begriff verwendet hätte, um die Farbe meiner Haut und die Farbe der Steine zu vergleichen, obwohl er eine andere Farbe meinen würde, wie könnte ein Mensch so weiß sein wie die weißen Steine, dasselbe Weiß, doch ich erinnere mich genau an die heißen spitzen Steine, auf die ich meinen Körper bettete, und die bissigen Ameisen, die unter den Steinen hervorkrabbelten, um meinen Körper zu überziehen, und ich erinnere mich, wie ich zu Boden sprang, panisch und auf einmal beschämt, und wie ich tanzte, um die Ameisen von mir abzuschütteln, und mir Schläge verpasste, um mich von den Ameisen zu befreien.

Die weißen Steine.
Die Fische

Die Fische faulten auf den weißen Steinen in der Morgensonne vor sich hin.

Was das für Fische waren, wusste ich nicht. Die Steine kannte ich: Quarz. Ich liebte Steine, und ich hatte meine Sammlung schon angefangen. Wenige Monate später sollte ich im Schatten eines Strauchs ein Häufchen Schwefel finden, auf einem Hügel in einer Ecke unserer Gegend, die noch unbebaut war, wobei eine Baufirma schon Gräben ausgehoben hatte.

Die Fische faulten auf dem Quarz in der Morgensonne vor sich hin. Vor ein oder zwei Wochen hatten die Nachbarn – drei Häuser weiter auf der linken Seite, gleich um die Ecke – ein ein mal zwei Meter großes Rechteck aus weißem Quarz zwischen dem Gehweg und ihrem Rasenstück gestaltet, und nun glitzerten und bluteten Dutzende von silbrigen, etwa zwanzig Zentimeter langen Fischen auf den Steinen in der Sonne.

Ich wusste nicht, woher die Fische kamen.

Heute kann ich nicht mehr sagen, wo die Sonne in der Gegend aufging, in unserer Gegend in Round Rock, aber ungefähr einen halben Block, ich glaube südlich der Fische, trennte ein schmales Flüsschen den kurzen Block aus bekannten Häusern vom endlosen Gewirr aus unbekannten Häusern. In der Nähe der Brücke, südwestlich der Fische, wurde das Flüsschen seicht, es verbreiterte sich und wirkte meistenteils tot. Doch direkt südlich der Fische waren die Wasser tief und verstopft und wimmelten von Welsen. Und während ich auf die Fische starrte, stellte ich mir vor, dass sie aus Rache aus diesem tiefen Wasser auf dieses frisch domestizierte Rechteck Erde geschlittert waren oder von irgendwem aus Rache aufgesammelt und hergetragen worden waren.

Später in jenem Sommer trat das Flüsschen über die Ufer, und die Klärgrube in unserem Garten trat über die Ufer, und unser Garten wurde zu einer schlammigen Wiese, nur dass der Schlamm aus Scheiße bestand, und ich spielte mit den Kindern von Freunden der Familie, die oben auf dem Hügel auf der anderen Seite des Flüsschens in einem der unbekannten Häuser wohnten, in der Scheiße Baseball. Die Kinder gesellten sich zu mir in die Scheiße, während ihr Vater meinen Großeltern half, die Scheiße aus dem Haus zu schaufeln.

Der Quarz war so weiß, dass ihn die blutenden Fische nicht verschmutzen konnten. Doch die Fische rochen nach Tod. Aber ich wusste nicht, wie der Tod roch, dass ich vor allem den Tod roch, und als die Klärgrube überlief, dachte ich an die Fische, obwohl es nicht derselbe Geruch war – der Geruch von Scheiße aus der übergelaufenen Klärgrube war so penetrant, dass ich glaubte, meine Scheiße habe sich mit der Scheiße aus der ganzen Nachbarschaft vermischt, und diese universelle Scheiße stieg nun durch die Erde auf und färbte den Rasen schwarz, und ich spielte Baseball in der universellen

Scheiße und dachte an die faulenden silbrigen Fische auf dem weißen Quarz.

Ich erinnere mich nicht mehr, wie der Tag der Überschwemmung endete, aber ich weiß noch, dass ich stundenlang in der Scheiße spielte, erst Baseball, aber dann rannte ich nur noch darin herum, um nicht darin stillzustehen, um nicht das Gefühl zu haben, ich sollte sie mir abwaschen – ich wusste, wenn ich darin stillstand, würde ich anfangen, darüber nachzudenken, wie dreckig sie war, wir dreckig ich war. Aber ich erinnere mich, wie der Morgen mit den Fischen endete. Ich rannte nach Hause, um meinen Großeltern davon zu erzählen, die sich weigerten, mitzukommen und sie sich anzusehen, und als ich zu den Fischen zurückkehrte – ich rannte zu ihnen zurück, direkt nachdem sich meine Großeltern geweigert hatten, mitzukommen und sie sich anzusehen –, waren die Fische verschwunden.

Kriminalität

Nachdem ich in das Haus meines neuen Freundes eingebrochen war, inzwischen war es vielleicht fünf Uhr morgens? und er mir versprochen hatte, dass er und ich, er war ein älterer Junge, ich weiß aber nicht mehr, wie er hieß oder wie er aussah, bis auf den aschblonden Topfschnitt, den ich mir über dem Gesicht jedes Kindes aus meiner Kindheit vorstelle, an das ich mich nicht mehr genau erinnere, mit einem Pony, der ihm fast bis zu den dunkleren Augenbrauen reicht, der auf seinem Kopf sitzt, der Pony, der in der Brise, die durchs Haus zieht, zur Seite gefegt wird, da ich ihn mir nur vorstellen kann, nicht ihn, nur seine Haare, nicht seine Haare, sondern die Haare jedes Kindes, das ich als Kind gekannt habe und an das ich mich heute nicht mehr genau erinnere, ich kann ihn mir nur in einem Innenraum vorstellen, vielleicht weil seine Haare im Luftzug eines Ventilators zur Seite wehen oder weil er verneinend den Kopf schüttelt. Er hatte mir versprochen, dass er und ich zusammen losgehen würden, um in ein Haus einzubrechen, ein Haus, von dem er wusste, dass es nie abgeschlossen wurde. Wenn ich frühmorgens zu ihm nach Hause käme, bevor seine Eltern auf wären, würden wir zusammen in ein Haus einbrechen, und ich bin nicht sicher, was genau ich mir dann vorgestellt hatte, ob wir überhaupt darüber gesprochen hatten, was wir dann vorgehabt hätten, aber ich war sechs oder sieben oder vielleicht sogar acht, obwohl mir der Nebel, durch den sich die Erinnerung stolpernd vorantastet, eher wie der Nebel eines sechsjährigen Kopfes erscheint, der gleichzeitig zweifelsfreien wie auch unklaren Vorstellung eines Sechsjährigen vom Unterschied zwischen richtig und falsch. Ich war wahrscheinlich sechs, und ich wollte nur eins, nämlich kriminell werden, durch Kriminalität meinen Weg zurück zu meinem Vater finden, auch wenn ich ihn damals hasste und nicht wusste, dass ich zu ihm zurückwollte, um von meinen Großeltern loszukommen, deren eigene Kriminalität ihnen Wege zu bereiten schien, manchmal *durch* mich, aber niemals *für* mich – nachdem ich in das Haus meines neuen Freundes eingebrochen war und festgestellt hatte, dass er und alle anderen im Haus schliefen, obwohl mein Freund wie angekündigt ein Fenster unabgeschlossen gelassen hatte, und jetzt, wo ich darüber nachdenke, sah der unausgesprochene Teil des Plans womöglich so aus, dass ich ihn wecken sollte, aber das ich konnte nicht. Als ich ihn schlafend in seinem Etagenbett sah, er oben und sein Bruder unten, ich hatte meinen neuen Freund erst am Vortag kennengelernt, vielleicht auf dem Gang in der Schule oder auf dem Spielplatz vor der Schule, vorausgesetzt, er war nicht auf derselben Schule wie ich, oder im Wald, und ich war am Vortag noch in seinem Zimmer gewesen und hatte dort das leere und ungemachte Etagenbett gesehen, und jetzt, als ich ihn schlafend in seinem Etagenbett sah, er oben und sein Bruder unten, da begriff ich, dass ich in seinem Haus nichts verloren hatte. Nicht nur mit den Augen, nein, mit dem ganzen Körper begriff ich es, es war ein Gefühl wie ein Schaudern, wie Todesangst – selbst damals erkannte ich das Gefühl als ein Gefühl der Unzugehörigkeit, ein Gefühl, irgendwo zu sein, wo ich nicht hingehörte, gefangen in der Stille und im Schlaf, der das Haus meines neuen Freundes erfüllte, und ich machte auf dem Absatz kehrt und rannte zum Fenster und kletterte hinaus. Nachdem ich ins Haus meines neuen Freundes eingebrochen war, ging ich wieder nach Hause, wo meine Großeltern auf mich warteten, hellwach. Die Erinnerung an den Einbruch erscheint mir heute absurd. Habe ich mich wirklich kurz nach vier Uhr morgens aus dem Haus geschlichen, um mich weiter von unserem Haus zu entfernen, als ich es mit meinen sechs Jahren durfte? (Ich bin mir fast sicher, dass ich sechs war; ich erinnere mich, dass ich auf dem Heimweg extreme Angst hatte, meine Großeltern würden wissen, dass ich mich weiter von unserem Haus entfernt hatte, als ich durfte), um in das Haus eines Jungen einzubrechen, den ich kaum kannte, in der Erwartung, dass er und ich dann woanders einbrechen würden und, ja, ich glaube, Sachen klauen würden, aber was für Sachen habe ich mir, glaube ich, nicht mal damals überlegt –, und wenn du keine Sachen klaust, bist du ja eigentlich nur eingebrochen, und das ist fast gar nichts, du stehst ein paar Schritte weiter als vorher und auf der anderen Seite einer Hauswand, und was soll das sein? Nichts. Aber es gehört zu den wenigen Kindheitserinnerungen, die mich mein Leben lang begleitet haben, eine meiner wenigen Erinnerungen, die ich tatsächlich in Erinnerung habe. Als ich nach Hause kam, waren meine Großeltern auf und warteten auf mich. Aber sie hatten nicht die Polizei gerufen – einer von beiden, ziemlich sicher meine Großmutter, war kurz nach vier Uhr morgens wach geworden und hatte festgestellt, dass ich nicht im Haus war, aber sie rief nicht die Polizei, sondern weckte stattdessen ihren Mann, und sie beschlossen zu warten. Als ich mich völlig verängstigt zurück ins Haus schlich – ich war aus dem Gästezimmerfenster geklettert, dem Zimmer gegenüber von meinem Zimmer, und jetzt kletterte ich durch dasselbe Fenster zurück ins Haus, doch überall brannte Licht, und mir war klar, dass meine Großeltern auf waren –, konnte ich an nichts anderes denken, als dass ich jetzt Ärger kriegen würde. Doch wenn ich zu der Erinnerung zurückkehre, denke ich vor allem daran, wie seltsam es war, dass meine Großeltern nicht die Polizei gerufen hatten. Dabei war es überhaupt nicht seltsam. Das Kind, das vor einer Stunde verschwunden war, war vor Jahren verschwunden. Hätten meine Großeltern die Polizei gerufen, hätte mich die Polizei ja finden können.

Einen Block weiter, du gehst aus der Haustür und geradeaus die beiden Stufen von der Veranda hinunter auf den Gehweg aus dunkel goldfarbenen bis rötlichen Kieselsteinen in etwas wie honigfarbenem Zement, einer Masse, die ich seit meiner Kindheit nie wieder irgendwo gesehen habe, doch der Gehweg führt fast sofort nach links, doch wenn du geradeaus durchs Gras gehst, Vorsicht, Ameisenhaufen, der Vorgarten wimmelt davon, und die Ameisen sind Feuerameisen, wenn auch nicht nur, und außerdem beißen alle Ameisenarten in Round Rock, wirst du einige davon in alle Richtungen treten, aber einige werden auch an deinem tretenden Fuß hängen bleiben und einige werden im Gras vor dir landen, und beim Laufen durchs Gras werden einige davon nach deinen Füße schnappen und daran hängen bleiben, und wenn du geradeaus durchs Gras läufst, wird dich Panik ergreifen, noch bevor du die Straße erreicht hast, Broadmeade Avenue, wird der Schmerz von deinen Schienbeinen über deine Fußgelenke bis zu deinen Waden wandern, die Ameisen können gut klettern, nur wohin? als hätten sie ein Ziel, als hätten sie es auf deinen Mund, deine Augen abgesehen, du wirst stehen bleiben und einen Augenblick auf der Stelle auf- und abhüpfen müssen, während du dir gegen die Beine klatschst und die Ameisen von den Beinen fegst, und deine Hände kommen den Befehlen deines Kopfes zuvor. Kurz davor bist du stehen geblieben, aber jetzt rennst du weiter, springend und klatschend, du bist auf dem kiesbedeckten Straßenrand der Broadmeade, du wirfst dich fast in den Verkehr, doch der Schmerz hat nachgelassen. Wieder bleibst du stehen, siehst an deinen Beinen herunter, du trägst weiße Shorts, deine Beine haben dieselbe Farbe wie die toten Rasenflecken, die dein Großvater partout nicht loswird, nur dunkler, du bist stehen geblieben, rosa Quaddeln wie klitzekleine Ameisenhaufen, wo dich die

Ameisen gebissen haben, beim Hochgucken drehst du den Kopf nach rechts, drehst den Körper nach rechts, und wenn du geradeaus weitergehst, die Broadmeade hinunter und über den Queensland Drive, steht hinter dem Queensland Drive ein letztes Haus, zu deiner Rechten, Ecke Queensland und Broadmeade, und wenn du immer weiter geradeaus gehst, vorbei an dem Haus und dem dazugehörigen Garten, siehst du, einen Block von meiner Straße entfernt, zur rechten Seite den Wald, in dem ich, als ich ein Kind war, vielleicht neun, wahrscheinlich zehn, zwischen Büschen und Wildblumen auf Marihuana-Pflanzen Jagd gemacht habe. Ich hatte keine Ahnung, wie Marihuana aussieht.

Auf halbem Weg den Hügel hinauf zwischen unserem Haus und dem Minimarkt am Ende der Broadmeade, einen halben Block vom Minimarkt, verließ ich den Straßenrand und bahnte mir einen Weg in den Wald, indem ich mich durch einen Spießrutenlauf aus Zweigen hindurchschob, der mir sowohl endlos als auch nur ein paar Meter lang vorkam, wobei einige der Zweige, die ich im Vorbeigehen zur Seite schob, mir gegen den Rücken peitschten und schwankend wieder zur Ruhe kamen – jedes Mal, wenn ich in den Wald ging, fühlte ich mich, als müsste ich mir meinen Aufenthalt im Wald erst verdienen. Sobald ich dann im Wald war, kroch ich umher und riss Pflanzen aus der Erde und versuchte sie mit dem Grillanzünder meines Großvaters anzuzünden. Die meisten der Pflanzen ließen sich nicht anzünden

– die meisten standen zu sehr im Saft, um zu brennen –, aber ich dachte mir einfach, dass die nicht-brennbaren Pflanzen kein Marihuana seien, und warf sie weg und kroch weiter umher. Ab und zu ließ sich ein trockener brauner Halm eben doch anzünden, und ich hockte mich auf die Erde und rauchte ihn in den paar Sekunden, die er brannte, merkte nichts, hoffte, es würde mich niemand sehen, hoffte aber, es würde mich jemand erwischen. Als ich vielleicht neun war, wahrscheinlich zehn, hatten meine Großeltern offen angefangen, von einem Umzug zu reden, obwohl der Umzug schon seit Jahren im Gespräch gewesen sein musste, da das Haus seit einem Jahr zum Verkauf stand, vielleicht seit zwei Jahren, laut dem Schild, das im Rasen steckte und von ihnen und mir gleichermaßen ignoriert wurde. Ich wollte erwischt und aus der Gemeinschaft verbannt werden, um in eine armselige Hütte außerhalb der Gemeinschaft zu ziehen wie ein reumütiger Geächteter, um in der Nähe der Gemeinschaft bleiben zu können, ich war neun, vielleicht zehn, und ich dachte in Form von Unmöglichkeiten. Ich hatte so lange gebraucht, mein ganzes Leben, um die wenigen Freunde zu finden, die ich gefunden hatte, und war mir sicher, dass ich nie wieder neue finden würde. Lange Zeit meines Lebens habe ich gedacht, dass mir deswegen der Umzug von Round Rock nach Livermore so schwerfiel. Was es bedeutet, von seinen Entführern großgezogen zu werden, ist, nachdem wir von Round Rock nach Livermore zogen, wo mir der Grund, weswegen ich den Umzug als gefühlsmäßig schwierig empfand, schlimmer als nur gefühlsmäßig schwierig, eher wie eine Wunde, die nicht heilen wollte, war offensichtlich – da ich mit drei meinem Vater weggenommen worden war, riss das Wegziehen von den Menschen, die ich kannte, meinen paar Freunden und dem Ort, den ich kannte, als ich elf war, eine lang infizierte Wunde wieder auf – es kam mir kein einziges Mal in den Sinn, dass es aus irgendeinem anderen Grund schlimm für mich sein könnte, meine wenigen Freunde zu verlassen, als das Verlassen meiner Freunde an sich, auch wenn mir bewusst war, dass es Kinder gibt, die ständig ihre Freunde aufgeben und sich an neue Umgebungen anpassen müssen. Was es bedeutet, von seinen Entführern großgezogen zu werden, ist, dass ich durch den Wald kroch und stundenlang Pflanzen aus dem Erdreich riss, nicht nur in der Hoffnung, mein Leben zu vergessen, um in einen Rausch versetzt zu werden von einer Pflanze, die ich nicht mal erkannt hätte, wenn ich sie vor der Nase gehabt hätte, aber auch in der Hoffnung, aus meinem Zuhause verbannt zu werden, um in der Nähe meines Zuhauses bleiben zu können – von seinen Entführern großgezogen zu werden heißt, nicht zu wissen, wie man ein Zuhause hat, außer einem, in das man nicht gehört.

Nie sah ich meine Großmutter mit leeren Händen aus einem Laden gehen. Selbst wenn sie in den Laden gegangen war, um etwas Bestimmtes zu kaufen und dieses Eine nicht gefunden hatte, kaufte sie immer auf dem Weg hinaus noch Dentyne oder Tic-Tacs. Zum Ausgang des Stoffgeschäfts ging sie ohne Korb und mit leeren Armen auf die Kasse zu, und im letzten Moment, in dem Moment, bevor die Kassiererin wahrscheinlich gefragt hätte: »Kann ich Ihnen helfen?«, schnappte sich meine Großmutter ein Päckchen Dentyne – nur war es kein Dentyne, sondern eine Kaugummimarke, an die ich mich heute nicht mehr erinnere, wobei ich mich erinnere, dass es angeblich medizinischer Kaugummi war, nur fällt mir der Name nicht mehr ein, und irgendwann fing meine Großmutter tatsächlich an, Dentyne zu kauen, und in einem noch künftigeren Irgendwann, Jahre später, begann meine Großmutter Trident zu kauen, und in einem noch künftigeren Irgendwann, ein paar Monate oder ein Jahr oder Jahre, nachdem sich bei ihr die ersten Anzeichen von Alzheimer bemerkbar machten, wobei mir nicht klar war, dass es Anzeichen von Alzheimer waren, sie war aber sehr oft wütend und paranoid und hatte angefangen zu horten, und irgendwann lag alles in ihrem Haus unter Müll begraben, doch immer mal wieder fand ich Brauchbares, neue Sachen, unausgepackte Artikel, eine Dose Campbell's Chunky Sirloin Burger, meine Lieblingssuppe als Kind, nur lebte ich da schon nicht mehr bei ihr, eine Packung Glitzerstifte, zwei silberne und zwei goldene inmitten des Mülls, Dinge, die das Nichtwegwerfen des Abfalls zu rechtfertigen schienen, auch das Nichtbewegen des

Mülls, der kniehoch stand, kein Durchkommen, also schlief sie auf einer Couch im Wohnzimmer, kein Weg führte tiefer hinein ins Haus, doch ein Weg führte aus der Hintertür, und an der Hintertür lag ein Badezimmer, und die Küche lag auf dem Weg, aber dennoch waren die Arbeitsflächen eine Handbreit hoch mit Müll bedeckt, irgendwann, nachdem sich bei ihr die ersten Anzeichen von Alzheimer bemerkbar machten, wechselte meine Großmutter von Trident Original zu Trident Wassermelone – schnappte sich meine Großmutter ein Päckchen des Vorläufers, reichte es der Kassiererin, bezahlte, nahm es und nahm ihr Wechselgeld entgegen und stopfte es dann auf dem Weg zum Ausgang zusammen mit dem Wechselgeld in ihre Handtasche.

Das mexikanische Kind
Teil I

Überall, wo ich gewohnt habe, war ich Mexikaner.

Kürzlich noch war ich an der Ecke 86th Street und Broadway Mexikaner. Ein Mann stand vor einem Eckhaus gegen ein Geländer gelehnt und fragte mich etwas auf Spanisch, während ich dicht an ihm vorbeiging. Ich drehte den Kopf, um ihn anzusehen, und sagte: »Sorry, ich spreche kein Spanisch.«

»Sie sprechen kein Spanisch?« Als er das sagte, sah ich ein winziges, enttäuschtes Pferd vor seinen Augen vorbeitraben, das den Kopf schüttelte und einen Schatten hinter sich herzog, der größer war als der Körper des Mannes und mein Körper zusammengenommen.

»Nein.«

Er stellte mir noch mal das, was ich für seine Eingangsfrage hielt, nur auf Englisch. Er fragte nach dem Weg, aber ich hatte von dem Ort noch nie gehört, und ich entschuldigte mich für mein Unwissen.

Am seltensten Mexikaner war ich in Oberlin, Ohio, wo ich wohnte, bevor ich nach New York zog – dort war ich, glaube ich, nur ein einziges Mal Mexikaner, auf einem Walmart-Parkplatz knapp vor der Stadtgrenze. Alle in Oberlin nennen ihn den Oberlin-Walmart, obwohl er nicht mal in Oberlin liegt, sondern etwa anderthalb Kilometer außerhalb. Jedes Mal, wenn ich Mexikaner gewesen war, bis auf das erste Mal, bat mich jemand um Hilfe – ein Mann bat mich um Hilfe, als ich in Oberlin Mexikaner war, aber anders als der Mann in New York, sprach der Mann in Oberlin kein Englisch – das heißt, jedes Mal, wenn ich Mexikaner war, bis auf das erste Mal, habe ich bedauert, nicht Mexikaner zu sein, und mir gleichzeitig gewünscht, offensichtlicher schwarz zu sein.

In Iowa City war ich ein paarmal Mexikaner.

In Salem, Oregon, war ich oft Mexikaner. In meiner lebhaftesten Erinnerung ans Mexikanersein in Salem war ich abends zum Essen in die Sportbar gegenüber von meiner Wohnung gegangen, und zwischendurch trat ich an den Tresen, um mir noch eine Cola zu holen. Der Mann, der am Tresen saß, dort, wo ich gerade stand, wandte sich mit freundlichem Lächeln zu mir und wollte mir einen ausgeben, »von Mexikaner zu Mexikaner«. Ich sagte, ich bedauere, aber ich sei kein Mexikaner. Lachend sagte er: »Sie *sind* Mexikaner. Sie wissen es nur nicht.«

Und es ist wahr. Ich bin schwarzer Amerikaner – ich könnte Mexikaner sein, ohne es zu wissen.

Wahrscheinlich war ich, als ich in Kalifornien wohnte, mindestens so oft Mexikaner wie ich in Oregon Mexikaner war. Aber damals war ich ein Kind und wurde nicht allzu oft von fremden Männern angesprochen. Wenn ich also Mexikaner war, war es mir nicht bewusst gewesen.

Das erste Mal, als ich unwissentlich Mexikaner war, kamen meine Großeltern und ich zurück von einem

Kurztrip nach Mexiko. Meine deutliche Erinnerung von dem, was an der Grenze geschah, sind Erinnerungen an meine Großmutter, die mir immer wieder erzählte, meist wenn wir beim Essen waren, was an der Grenze geschah, und manchmal lachte sie dabei so laut, dass sie sich verschluckte und anfing zu husten. Offenbar hatten Grenzbeamte – von welcher Seite weiß ich nicht – meine Großeltern angehalten und sie bezichtigt, mich entführen zu wollen, mich, ein mexikanisches Kind, in die Vereinigten Staaten schmuggeln zu wollen. Nach ein paar angespannten Minuten, in denen meine Großeltern versuchten, erfolglos, die Beamten zu überzeugen, dass ich kein Mexikaner sei, meldete ich mich zu Wort, und obwohl ich keine Ahnung hatte, was gerade vor sich ging, war das, was ich sagte, so offenkundig amerikanisch, dass die Beamten sofort ihren Fehler einsahen und uns zurück ins Land ließen. Meine Großmutter erzählte diese Geschichte nie, als sie und mein Großvater noch zusammen waren. Als sie sie offen glaubte erzählen zu können, hatte ich die ganze Sache längst vergessen.

Jedoch erinnere ich mich heute an eine kleine Schale mit Obst, dort am Grenzübergang, wo die Beamten standen. Ich weiß noch, dass ich dachte: »Die Orange da ist in einer fremden Sprache.«

Das mexikanische Kind
Teil II

Meine Großmutter ließ sich von meinem Großvater scheiden, als ich vierzehn war. Wir wohnten in Kalifornien, wo ich möglicherweise am häufigsten unwissentlich Mexikaner war. Von ihrer anstehenden Scheidung erzählten sie mir in einem Restaurant wie Applebee's, nur ohne den ganzen Lokalkolorit in Form von Wandschmuck, um als Familienrestaurant durchzugehen, in einem Einkaufszentrum, wo ein paar Schritte weiter auch ein Waschsalon war, wo ich vor Monaten die Spielhallenversion von *Bionic Commando* entdeckt hatte, die so ganz anders war als die Nintendo-Version, die mir meine Großmutter später auf einer Fahrt von Kalifornien nach Oregon kaufen sollte, vielleicht, als sie auf Häusersuche war. Das an Applebee's erinnernde Lokal war dunkel, und wir setzten uns in ein Separee in einer besonders dunklen, leeren Ecke – ich auf die eine Seite des Separees und meine Großeltern auf die andere. Kaum dass wir saßen, sagte meine Großmutter: »Dein Großvater und ich lassen uns scheiden.«

»Warum?«

»Weil ich rausgefunden habe, dass dein Großvater eine Affäre hatte. Mit einer Hure.«

Mein Großvater protestierte murmelnd gegen diesen Begriff, den er für vulgär hielt, worauf meine Großmutter mit lauter Stimme rief: »Was soll sie denn sonst gewesen sein!« Und sie sah ihn wütend an, und ihr Blick war mir völlig fremd, wie zwei Hände, die auf einen Tisch geknallt werden, die Augen rot wie zwei Handinnenflächen, die auf einen Tisch geknallt werden.

Eines Tages, während ich in der Schule war, hatte meine Großmutter das Laken vom Bett abgezogen, dem Bett, das sie mit meinem Großvater teilte, um es in die Wäsche zu tun, und ein fremder BH war herausgefallen. »Und ich wusste sofort, dass das nicht meiner war«, sagte sie beim panierten Steak, als mein Großvater die Herrentoilette in einem helleren Winkel des Restaurants aufsuchte, weit von uns weg. Als sie mir sagte, warum sie sich von meinem Großvater scheiden lasse, war ich überrascht – mein ganzes Leben lang hatte ich gedacht, er habe Narrenfreiheit. Doch nach einigen langen Momenten des Schweigens wurde mir klar: nur mir gegenüber hatte er Narrenfreiheit.

Damals dachte ich, die Kraft des Regens selbst schiebe den Regen seitwärts über den Parkplatz – ich dachte, Seitwärtsregen sei der stärkste Regen. Es kam mir nicht in den Sinn, dass der Regen vom Wind vor sich hergetrieben wurde, und ich erinnere mich nicht, den Wind gespürt zu haben, als meine Großmutter und ich beschämt oder vornübergebeugt, als schämten wir uns, mit zusammengekniffenen Augen, als versuchten wir zu erkennen, ob ein Gegenstand am Horizont eine Bedrohung sei, vornübergebeugt und mit zusammengekniffenen Augen wegen des Regens zum Auto rannten, doch nur der Regen selbst brannte mir im Gesicht, an den Unterarmen, nicht der Wind, der den Regen vor sich hertrieb, nicht die Faust hinter dem Schlag, weil ich auf ewig mit der Faust leben muss, so weit ich in die Zukunft sehen kann, in der ich Profi-Baseballspieler zu werden hoffe, wobei ich in dieser Zukunft kein Bild von mir vor Augen habe, außer, dass ich ein Bild von mir vor Augen habe, wie ich leicht in der Hocke mit einem Schläger in der Hand auf dem Schlagmal stehe, aber kein anderes Bild meines erhofften künftigen Lebens vor Augen habe, kein Bild von meinem Gesicht im Spiegel, nachdem es Schläge gab, kein einziges Nasenbluten, wobei ich einmal nachts in einer Blutlache aufgewacht bin, im Bett, aber mit dem Gesicht in einer Blutlache, keine Rötung im Gesicht im Spiegel, aber mit doppelt so vielen Sommersprossen, mehr als doppelt so vielen wegen der getrockneten Blutflecken in meinem Gesicht, nicht das Gesicht, nicht die unentrinnbare Faust, mit der ich leben muss, nicht der Wind, der den brennenden Regen vor sich hertreibt, ich muss es atmen, um zu leben.

An das einzige Gespräch, das ich in meiner Erinnerung als Kind mit einem anderen Kind über meinen Vater geführt habe, kann ich mich nicht erinnern – ich erinnere mich nicht, wie der Teil des Gesprächs über meinen Vater, die wenigen Worte, die über ihn fielen, begann, oder was im Anschluss daran gesagt wurde, insofern erinnere ich mich nicht an das Gespräch, nur an ein paar Worte über meinen Vater, die gewiss nicht aus der Stille heraus auftauchten und fast sofort wieder untergingen, womöglich in die Stille hinein. Das Gespräch, an das ich mich nicht erinnere, fand auf einem Stück Rasen in der Nähe der Brücke über dem Flüsschen statt, in dem ich nicht spielen durfte, oberhalb der Brücke, die die Grenze zwischen unserer Ecke der Gegend, die am Rand der Gegend lag, entweder am Anfang oder am Ende der Gegend und einen Eingang und einen Ausgang bildete, und den riesigen Rest der Gegend markierte, und ich war zu Fuß unterwegs vom riesigen Rest in unsere Ecke, und ich fühlte mich gestresst. Ein Junge – weder sein Name noch sein Gesicht fallen mir ein, aber er könnte aschblondes Haar gehabt haben, und er könnte in meinem Alter gewesen sein, sechs, vielleicht sieben, vielleicht fünf, und in meiner Erinnerung wirkt er klein, obwohl ich mich auch erinnere, dass er ungefähr so groß war wie ich, und ich war in dem Alter, in dem ältere Kinder auf eine bestimmte Art riesig aussehen, wie es Erwachsene nicht tun (ich weiß noch, wie mein erster Tag an der Forst North begann. Ich sollte mich wohl auf der einen Seite der Cafeteria mit anderen Zweitklässlern in eine Reihe setzen, und im hinteren Teil des Raums saßen die Fünftklässler ebenfalls in einer Reihe, und einige Nachzügler bewegten sich im Zeitlupentempo auf das Ende der Reihe zu wie Riesen, die eine dunstige, ferne Grenze patrouillierten, hinter denen Berge, die kaum größer waren als die Riesen, mal klar umrissene, zerklüftete Formen bildeten, mal zu weichen Wolken wurden, während Nebelschwaden unmerklich an ihnen vorüberzogen. Ich glaubte noch nie so große Menschen gesehen zu haben) –, ein Junge fragte mich, wer mein Vater sei, und ich sagte, ich hätte keinen Vater. Das Gras unter meinen Füßen war teils hart und hatte die Farbe weißer Haut, die gebräunte Farbe von weißer Haut, und es war teils hart, aber immer noch grün, wenn auch ein staubiges, verblichenes Grün. Vorausgesetzt, ich war fünf, dann hatte ich meinen Vater seit zwei Jahren nicht gesehen, und ich konnte mir kein Bild mehr von ihm machen, nicht mal von der Schattierung seiner Haut, und ich konnte mich nicht mehr an den Klang seiner Stimme erinnern, nicht mal an den Klang meines Namens aus seinem Mund, und ich kannte seinen Namen nicht. »Jeder hat einen Vater«, sagte er Junge. Teilweise hatte das Gras die Hautfarbe des Jungen.

MEIN GROSSVATER DIE KALTE LUFT

Bevor ich ihn aus meinem Mund aufsteigen sah, als verlasse mein Geist meinen Körper, und in der Luft hing, bevor er sich wieder auflöste, als hätte mich mein weißer Geist verlassen, um außerhalb meines schwarzen Körpers zu sterben, hatte ich noch nie meinen eigenen Atem gesehen. Ich saß in unserem Datsun, der in der Auffahrt meiner Großtante in Shawnee, Oklahoma, stand, zwanzig Meilen vor Meeker, am zweiten Tag des ersten Thanksgiving, den meine Familie bei ihr verbrachte. Meine Großtante hatte drahtiges kupferrotes Haar, das sie in Schneckenform auf dem Kopf trug, fast wie ein Helm aus einem hoch stilisierten Low-Budget-Science-Fiction-Film, und obwohl sie eine ähnliche Brille trug wie meine Großmutter und wie mein Großvater beim Zeitungslesen, sah sie keinem von beiden ähnlich. Zwei Jahre in Folge in der Mitte meiner Kindheit – zwei Jahre in Folge, vielleicht war ich neun im ersten Jahr, vielleicht war ich zehn im zweiten Jahr, und im Jahr darauf war ich nicht mehr da, oder kurz davor, nicht mehr da zu sein, denn wir waren nach Kalifornien gezogen oder waren kurz davor – hatten meine Großeltern und ich sie an Thanksgiving besucht. Wie alle Südstaatler, die ich kannte, hatte sie einen großen, größtenteils leeren Garten, aber anders als alle anderen, die ich kannte, lag in ihrem Garten eine große hölzerne Spule. Mein erstes Thanksgiving verbrachte ich damit, auf der Spule stehen und durch den Garten rollen zu lernen, als rollte ich einen Baumstamm auf einem Fluss.

Ein Jahr später an Thanksgiving, kaum dass wir bei meiner Großtante angekommen waren, rannte ich in ihren Garten, um die Spule zu rollen. Ich stieg hinauf – mit Mühe, obwohl mir die Spule kleiner vorkam als im Vorjahr –, stellte mich hin, schob meinen rechten Fuß vor, um die Spule ins Rollen zu bringen, und fiel hin. Überrascht und verwirrt stieg ich wieder auf die Spule, stellte mich wieder hin, schob wieder meinen rechten Fuß vor, schaffte es tatsächlich, die Spule ins Rollen zu bringen – etwa fünfzehn Zentimeter, vielleicht zwanzig –, und fiel hin. Ich stand auf, versuchte, mir den kalten Schlamm von meiner Jeans zu wischen, verschmierte ihn aber nur noch mehr und sah mir die Spule an – wobei ich sofort erkannte, dass sich nichts an ihr geändert hatte, außer, dass sie kleiner wirkte –, und während ich sie mir ansah, dachte ich zurück an das vergangene Jahr, so wie fast ununterbrochen auf der langen Fahrt von Round Rock nach Shawnee, aber jetzt erkannte ich mich in meinen Erinnerungen nicht wieder. Der Junge, der die Spule durch den Garten gerollt hatte, wer immer er war, hatte seinen Körper auf eine Art und Weise verstanden, wie ich meinen nicht verstand, und jetzt war er mir ein Jahr voraus – ein ferner Fleck auf einem riesigen Rasen, fleckenweise sterbend, fleckenweise grün, der glücklich eine gigantische Spule rollt –, und es wollte mir nicht gelingen, ihn einzuholen.

Früh am Morgen des zweiten Tages meines ersten Thanksgiving-Besuchs bei meiner Großtante hatten meine Großmutter oder meine Großtante oder meine Großmutter und meine Großtante meinem Großvater eine Einkaufsliste in die Hand gedrückt und ihn zum Piggly Wiggly geschickt, dem einzigen Piggly Wiggly, den ich je in echt gesehen habe. Ich stand in der Auffahrt meiner Großtante neben dem Datsun, während mein Großvater ihn warm machte. Mein Großvater hatte gesagt, ich solle draußen warten, während er den Wagen warm machte, also hatte ich gewartet, mich schon gefreut auf die Wärme, bis er mir bedeutete, einzusteigen. Die Luft im Wagen war kälter als draußen – da wurde mir klar, dass das, was er ›den Wagen warm machen‹ nannte, sich auf den Motor bezog und nicht auf uns – und beim Ausatmen sah ich meinen Atem. Bis dahin hatte ich nur im Kino gesehen, wie Kälte diese Form annimmt, und während ich der kleinen Wolke bei ihrer Auflösung zusah, kam ich mir vor, als hätte ich einen unwirklichen Raum betreten, einen Raum, der durch den sichtbaren Verfall meines Atems glamourös wurde, in unserem Datsun in der Auffahrt meiner Großtante, zwanzig Meilen vor dem Ort, wo mein Großvater aufgewachsen war und den er mir vor Scham nicht zeigen wollte, auf dem Beifahrersitz neben meinem Großvater, der sich gezwungen zu fühlen schien, mir zu zeigen, wo er aufgewachsen war, seine Scham.

Zusammen saßen wir im Wagen und warteten, bis er warm wurde.

Wenn man einen Menschen kennt, bedeutet das dann, dass man weiß, was er weiß? Nicht, dass man das kennt, was er kennt, sondern dass man Erkenntnisse über gewisse Umstände seines Wissens hat? Nicht zwangsläufig alles weiß, was er weiß, aber manches davon? Und wenn ja, wie viel? Als ich ein Kind war, arbeitete mein Großvater bei IBM – er war in seinen Vierzigern damals, so wie ich jetzt, aber er war fitter als ich heute, ein Stück kleiner als ich heute, hatte einen Schnurrbart, ich kenne seine nackte Oberlippe gar nicht, und er war muskulös. Nicht lange, nachdem meine Großeltern mich entführten, begann er zu trainieren, und er hatte sich einen Triumph Spitfire aus den frühen 60ern gekauft und angefangen, ihn zu restaurieren, einen Cabrio, den er irgendwann von außen schön machte, ohne am Innern das Geringste zu tun, außer, dass er auf der Fahrerseite mit einem dünnen Stück Pressspan ein Loch im Boden abdeckte –, und meine Großmutter erzählte mir immer, er sei an der Entwicklung des PC beteiligt gewesen. Aber ich kann mir nicht vorstellen, dass er irgendeine Ahnung von Computern hatte. Aber wenn er irgendeine

Ahnung von Computern hatte, und wenn Ahnung von Computern ein maßgeblicher Teil seines Lebens war, habe ich ihn dann überhaupt gekannt? Als Kind wusste ich nicht, wo er seine Kindheit verbracht hatte. Selbst dann, als er, scheinbar einer unglücklichen Laune folgend, mit mir an dem Haus in Meeker, Oklahoma, vorbeifuhr, wo er seine Kindheit verbracht hatte, wusste ich nicht, wo er seine Kindheit verbracht hatte. Ich konnte nicht glauben, dass er überhaupt mal ein Kind gewesen war, und wenn man ein Kind ist, heißt Wissen nicht eher Glauben als Wissen? Gilt das nicht erst recht für entführte Kinder? Wir hielten nicht vor dem Haus, sondern fuhren daran vorbei, und beim Vorbeifahren versuchte ich mir ein Bild zu machen von ihm in diesem Haus, in seiner graustufigen Kindheit, als Kleinkind, viel zu klein, um mir wehtun zu können. Aber ich konnte es nicht – ich konnte die mythische Zeit seines Kleinseins nicht in Einklang bringen mit dem echten, maroden Haus, an dem wir vorbeifuhren. Aber ich kannte ihn gut genug, um zu wissen, dass er sich nicht freute, das Haus wiederzusehen, wobei der Besuch ja seine Idee gewesen war – ich sah es an seinem Gesichtsausdruck. Wenn ich irgendetwas wusste, dann, was seine Gesichtsausdrücke bedeuten.

Meine Großeltern erzählten mir, meine Großtante sei meine Tante, und daher weiß ich, dass sie meine Großtante war – ich muss dem, was mir die beiden als Kind erzählten, eine Generation hinzufügen, um zu verstehen, was sie mir erzählten. Ich weiß aber nicht, wessen Schwester sie war – das hat mir nie einer gesagt. Ich glaube aber nicht, dass sie die Schwester meines Großvaters war. Frühmorgens am zweiten Tag meines ersten Thanksgiving-Besuchs bei ihr zu Hause schickten sie und meine Großmutter meinen Großvater und mich also zum örtlichen Piggly Wiggly, dem einzigen Piggly Wiggly, den ich jemals in echt gesehen habe. Aber gerade habe ich gegoogelt, ob es in Shawnee einen Piggly Wiggly gibt oder zumindest gab, und nichts finden können. Endet das Ich dort, wo die falsche Erinnerung an das Ich beginnt? Spielt es irgendeine Rolle, wenn ich Dinge aus meiner Kindheit vergessen habe, um mich vor ihnen zu schützen, dass ich eigentlich nur das leidende Ich hatte vergessen wollte und nicht das ganze Ich? Aber selbst wenn ich gewusst hätte, dass ich mich durch das zwanghafte Vergessen bestimmter Dinge selbst zerstöre, glaube ich nicht, dass ich versucht hätte, das Vergessen zu unterlassen. Habe ich mich getötet, um mich zu retten? Aber ich bin in meinem Leben schon mal in einem Piggly Wiggly gewesen, irgendwo weit weg von meinem Leben, zumindest ein Mal, in meinem Leben zumindest.

Immer wenn wir, mein Großvater und ich, zusammen im Auto unterwegs waren, egal wohin, wurde geschwiegen. Dabei sind mein Großvater und ich fast nie zusammen irgendwo hingefahren, und vielleicht wäre es sinnvoller, zu sagen, dass wir, immer, wenn wir zusammen irgendwo hinfuhren, das immense alltägliche Schweigen mitnahmen, das zwischen uns entstanden war oder immer zwischen uns gestanden hatte, ich würde sagen *immer*, ich würde nicht sagen, *entstanden war*, dieses Immer, das anfing, so scheint mir, als meine Großeltern mich als Kleinkind entführten, und was wissen Kleinkinder schon vom Schweigen unter Menschen, wobei ich ein Erwachsenenschweigen nie als so unbehaglich empfunden habe wie ein Kleinkinderschweigen. Die potenzielle Länge und Festigkeit dessen, unendlich, unerbittlich, sodass ein ganzer Mensch daraus hervorwachsen könnte, auf jeden Fall erinnere ich mich an kein einziges Wort, das mein Großvater je zu mir sagte, außer an die letzten Worte, die er zu mir sagte, vor dreißig Jahren, seine bislang letzten Worte, und an noch ein paar Worte, die er am Ende eines Nachmittags zu mir sagte, als ich klein war und allein auf der Wohnzimmercouch lag, nachdem, aber wohl nicht sehr lange nachdem, vielleicht ein paar Monate, nachdem mein Großvater seine Pornoheftchen aus dem Wohnzimmer geräumt hatte, nachdem meine Großmutter ihn darauf hingewiesen hatte, dass ich »allmählich in das Alter komme«, ich konnte nicht älter als vier oder fünf gewesen sein, vielleicht nicht mal vier, nachdem er seine Heftchen weggeräumt hatte, wohin, habe ich nie herausgefunden, am Ende eines Nachmittags, wobei die Sonne noch draußen war, ich lag auf einer Couch im Wohnzimmer, allein, mit offener Hose unter einer Decke, die meine Urgroßmutter gestrickt hatte, und mein Großvater kam aus seinem Schlafzimmer ins Wohnzimmer und sah mich mit offener Hose – die Decke meiner Urgroßmutter bestand größtenteils aus Löchern, und es war mir ein Rätsel, warum sie mich wärmte, aber so war es –, ich war klein, und er kam an die Couch, und er warf einen Blick aus dem großen Schiebefenster, um zu sehen, ob meine Großmutter im Garten war, aber er sah sie dort nicht, das weiß ich, weil sie dort nicht war, und sie war auch nicht im Haus, und er beugte sich über mich und sagte die einzigen Worte, an die ich mich erinnere, die kein *Lebwohl* waren, eine Art, Lebwohl zu sagen.

Die Hunde

Ich wollte die Hunde wieder freilassen, da bin ich mir sicher. Ganz bestimmt hatte ich die Hunde wieder freilassen wollen, die zwei schwarzen Labradore der Nachbaren, auch noch, als ich sie aus dem Nachbargarten durch unseren Garten und in unsere Garage führte; ich bin sicher, ich wollte die Hunde wieder freilassen, auch dann noch, als ich die große Tür herunterzog – ich musste wahrscheinlich springen, um an das Stück Seil zu kommen, um die große Tür herunterzuziehen – und sie in der Garage gefangen hatte. Ich kann mich nicht an das Gefühl irgendeiner Oberfläche in dem Haus in Round Rock erinnern, dem ersten Haus, von dem ich noch am meisten weiß, nicht an den Teppich, nicht an die Wände, nicht an die Arbeitsflächen, außer, dass ich noch weiß, wie sich der gläserne Esstisch anfühlte, dass er sich vollkommen glatt anfühlte, sodass meine Hand immer kleben blieb, wenn ich mit der Hand über den Tisch streichen wollte, sodass sie sich anfühlte wie eine Falle, und ich weiß noch, wie sich das zerfranste, schmutzige Stück Seil anfühlte, mit dem meine Großeltern die Garagentür zuzogen – es fühlte sich an wie raues, trockenes Heu, nur fester als Heu. Ich sprang hoch, um das Stück Seil zu packen und zog die Tür herunter. Konnte ich vier gewesen sein?

Die Hunde waren so groß wie ich. Sie gehörten der Familie, die in dem Haus hinter unserem Haus wohnten, deren Garten der einzige der drei angrenzenden Gärten war, der nicht durch einen zwei Meter hohen Holzzaun abgetrennt war. Stattdessen waren der Nachbarsgarten und unser Garten durch einen ein Meter hohen Maschendrahtzaun mit einem unabgeschlossenen Türchen getrennt. Ich hatte das Türchen geöffnet und die Hunde zu mir gerufen; ich hatte mich umgedreht und war weggegangen, und die Hunde waren mir gefolgt.

Die Hunde folgten mir in die Garage, und ich war gesprungen, um die große Tür herunterzuziehen. Die Hunde waren so groß wie ich, größer noch und schwarz glänzend – die Hunde reflektierten das weiße Licht von der großen fluoreszierenden Aufhängung hinten an der Decke und intensivierten das Weiß über mir, wurden aber auch selbst weiß, wo das weiße Licht auf ihren Rücken ruhte und zugleich von ihren Rücken reflektiert wurde. Ich war vier – ich muss vier gewesen sein. Ich hatte meinen Vater seit einem Jahr nicht mehr gesehen. Seine spezifische Schattierung war aus meinem Kopf verschwunden, zusammen mit seinem Gesicht, seiner Stimme und seinen Händen, doch meine Großeltern hatten mir schon beigebracht, dass das Schwarz – nicht nur das spezifische Schwarz meines Vaters, sondern Schwarz überhaupt, jedes Schwarz in Kombination mit meinem eigenen Schwarz – das Schlimmste an mir sei, aber auch nebensächlich. Ich war nicht schwarz auf die Art, wie mein Vater schwarz war – ich wurde nur tiefbraun, und das schnell, unter der texanischen Sonne.

Als ich vier war und fünf und sechs, und wie alt ich auch immer war, bevor ich aufhörte, Fragen zu stellen, erzählten mir meine Großeltern, dass ich ihnen deshalb nicht ähnelte, weil ich so tiefbraun wurde, und das schnell. Brächten sie mich ins dunklere, kühlere Oregon zurück, zurück zu meinem Vater, würde vielleicht mein Schwarz, ihre Vorstellung von Schwarz, genauso aus meiner Haut verschwinden, wie sein Schwarz aus meinem Kopf verschwunden war. Ich war vier. Die Hunde waren mir gefolgt. Ich schnappte mir eine Spraydose von der Werkbank meines Großvaters und sprühte die Hunde grün, nur am Rücken, wo das leuchtende Weiß von oben auf ihr Schwarz traf, ein oder zwei Striche, weinend. Die Hunde wanden sich und bellten, und meine Großmutter eilte aus dem Haus in die Garage.

Später an diesem Tag verprügelte mich mein Großvater.

Dann baute er einen neuen Zaun.

Das beliebte Kind

Kurz nachdem ich in die zweite Klasse kam, entdeckte ich, dass ich unbeliebt war. Es war eine erschreckende Entdeckung – als würdest du um die Ecke biegen und feststellen, dass dein Lieblingsrestaurant letzte Woche nicht nur für immer dichtgemacht hat, sondern auch noch abgerissen worden ist –, und ich sollte den Rest meiner Grundschuljahre damit zubringen, nach dem Leben zu suchen, das mir abhandenkam, als mir meine Selbstwahrnehmung als Person abhandenkam, die von allen geliebt wurde. Während meiner ganzen Kindheit war ich mir bewusst, dass ich zu Hause die Rolle des Kindes spielte, in einem Dreipersonenhaushalt, der von zwei Erwachsenen geführt wurde, die ihrerseits die Rolle der Eltern spielten. Kein einziges Mal fühlte ich mich ungehemmt als das Kind meiner Großeltern, wobei ich denke, dass sie genau das wollten oder behauptet hätten, das zu wollen – immerhin bestärkten sie mich darin, meine Großmutter »Mom« und meinen Großvater »Dad« zu nennen. Rassismus ist unpersönlich, auch wenn er an Individuen ausgeübt wird. Immer wenn ich mitbekam, dass meine Großvater eine Bemerkung losließ über die angeblich mangelnde Artikuliertheit eines schwarzen Collegesportlers in einem Interview in den Lokalnachrichten, immer wenn meine Großmutter sich auf einem unserer zweimal jährlich abgehaltenen Garagenflohmärkte über die Geldkassette beugte und mir zuraunte: »Pass auf wegen der Mexikaner. Die klauen wie die Raben«, wurde mir ins Gedächtnis gerufen, dass ich nicht ihr Kind sein konnte, dass meine Hautfarbe es nicht zuließ. Solche Bemerkungen waren fast immer nach außen gerichtet, gegen Unbekannte, und dennoch war ich das Ziel.

Was so viel heißt wie, obwohl ich begriff, dass in einer Dreipersonenfamilie, die von zwei Erwachsenen geführt wurde, in den meisten Fällen das Kind das Objekt elterlicher Liebe ist, war ich mir nie so sicher, dass ich geliebt wurde, um von der Sorge befreit zu werden, ob ich denn wirklich geliebt wurde. Also suchte ich außerhalb meines Elternhauses nach Liebe, meist in der Schule. Und tatsächlich *war* ich während der zweiten Hälfte meines ersten Tages auf der Forest North beliebt oder glaubte es zumindest zu sein – wenn du ein Kind bist, kennst du deinen Status sofort, und ein Tag der Beliebtheit wird zutiefst gefühlt, selbst mittendrin – und so fühlte ich mich geliebt. Während meiner ersten Pause hatte ein Großteil der anderen Kinder ein Fußballspiel organisiert; da mich niemand kannte, wurde ich als Letzter in eine Mannschaft gewählt. Aber da mich niemand kannte, wusste niemand, dass ich stark war. Im Laufe des Spiels – meine Mannschaft war im Rückstand und sollte ihn auch nicht mehr aufholen –, kam ich plötzlich infolge eines Fehlers, der entweder einem aus meiner Mannschaft oder einem aus der gegnerischen Mannschaft unterlief, unmittelbar vor dem Tor meiner eigenen Mannschaft in Ballbesitz und kickte den Ball mit aller

Macht auf die andere Seite des Spielfelds in Richtung Tor. Der Ball flog durch die Luft, und alle anderen Kinder schienen zu erstarren; keiner aus der gegnerischen Mannschaft wagte es, diesen Schuss abzuwehren. Eine lange Sekunde, nachdem der Ball ins Tor rollte, brüllte meine ganze Mannschaft los, und hätten sie mich auf ihre kleinen Schultern hieven können, hätten sie es sicherlich getan. Dann war das Spiel zu Ende, und die beiden beliebtesten Jungen in der zweiten Klasse legten ihre Arme um meine Schultern und geleiteten mich und feierten mich den ganzen Weg zurück in den Unterricht.

Doch am nächsten Tag kannte mich kein Mensch mehr.

Von Anbeginn meines zweiten Tages an der Forest North, nachdem ich mir am Automaten am Eingang pflichtbewusst zwei NFL-Bleisteifte für 25 Cents gezogen hatte, in den Klassenraum geschlendert war, Platz genommen und versucht hatte, auf joviale Weise die Aufmerksamkeit meines Sitznachbarn zu wecken, nur um einen solchen Korb zu kassieren, dass mir meine Jovialität für immer im Hals stecken blieb, von den verwirrenden ersten Momenten meines zweiten Tages an war ich mir bewusst, dass ich nicht mehr beliebt war und wahrscheinlich nie richtig gewesen war. Keiner der anderen Zweitklässler reagierte positiv auf meine Versuche, ihre Aufmerksamkeit zu wecken, nicht mal dann, als ich verzweifelt versuchte, sie an meine Heldentat auf dem Fußballfeld zu erinnern. Stattdessen ermahnten mich diejenigen, die mich doch wahrnahmen, dem Lehrer zuzuhören, und legten ein Interesse am Schulischen an den Tag wie nie zuvor. Ihr Rassismus machte sie zu besseren Schülern.

Und es *war* Rassismus – selbst da wusste ich, dass es Rassismus war, der mich vom Thron des Ansehens gestoßen hatte, auf den ich mich hinaufgekickt zu haben glaubte. An meinem ersten Tag an der Forst North war mir gar nicht aufgefallen, dass ich das einzige schwarze Kind in meiner Klasse war. Obwohl ich mir, im Anbetracht meiner Großeltern, meiner schwarzen Hautfarbe in jeder Sekunde bewusst war – oder, sowohl mehr als auch weniger spezifisch, meiner nicht-weißen Hautfarbe –, da ich von weißen Rassisten großgezogen wurde, war ich ständig bei anderen auf der Suche nach Anderssein, nicht bei mir selbst. Mir war noch nicht völlig bewusst, dass ich Anderssein sowohl unterstellte als auch selbst darstellte; ich wusste noch nicht, dass ich Jagd auf mich selbst machte. Dennoch war ich mir sofort sicher, dass die plötzliche Kälte, die von meinen Mitschülern ausging, ihre Wurzeln im Rassismus hatte – niemand sagte mir das, aber es wäre auch gar nicht nötig gewesen. Später, in der Pause, spielten wir alle ein neues Spiel. Einer nach dem anderen rammten mich die Jungen aus meiner Klasse – am heftigsten diejenigen, die mir am Vortag noch den Arm um die Schulter gelegt hatten –, während ich in der Mitte eines Kreises aus Mitschülern stand und versuchte, mich auf den Beinen zu halten. Von außerhalb des Kreises muss es ausgesehen haben wie eine seltsame, aber harmlose Version von Kettenbrechen, und in Bezug auf meine schwarze Haut, meine nicht-weiße Haut, war ich gleichzeitig zu stolz und zu beschämt, um die Lehrer um Hilfe zu bitten, die keine zehn Meter entfernt auf Bänken saßen. Innerhalb des Kreises aber kam ich mir vor, als müsste ich mich gegen Anfeindungen zur Wehr setzen, die mein Überleben als Schüler der Forest North und als Mensch bedrohten. Wer mich zu Boden stieß, hatte gewonnen – ich hatte keine Chance. Der Spiel nannte sich Weiße gegen Schwarze, wobei es keine anderen Schwarzen gab als mich.

Aber ich war mir sicher, während ein Mitschüler nach dem anderen in mich hineinkrachte, sogar dann noch, als mich einer und dann noch ein Mitschüler rammte und zu Boden stieß, ich war mir sicher, wenn sie mir noch eine Gelegenheit gäben, einen Ball zu kicken, wenn sie genau hinschauen und erkennen würden, wie weit ich ihn kicken konnte, wäre ich wieder beliebt, würde ich wieder geliebt werden. Ich musste nur auf diese Gelegenheit warten. Und so hatte ich mich für Weiße gegen Schwarze freiwillig gemeldet. Hier begann meine jahrelange Feier meines Körpers. Es war eine Revolte gegen meinen Körper.

Mein Großvater fuhr mich fast nie irgendwohin – meine Großmutter fuhr mich überallhin, fast überallhin. Meist war sie eine ruhige Autofahrerin. Aus Gründen, die ich nicht mehr in Erinnerung habe, fuhr mich einmal unsere Nachbarin von nebenan, ich erinnere mich nicht an ihren Namen, aber sie lebte mit ihrem Mann rechts neben uns in einem Haus aus weißen Steinen und hatte zwei Söhne, die ausgezogen waren, als ich vier oder fünf war, also muss ich, als es geschah, sechs oder sieben gewesen sein, einmal also fuhr mich unsere Nachbarin, um meiner Großmutter einen Gefallen zu tun, zum Taekwondo, und auf der ganzen Fahrt zu meinem noch nicht abgetakelten Dojo inmitten der abgetakelten Ladenzeile, die zu weit weg war, um von dort aus nach Hause zu laufen, wenn man mich dort stehen ließe, hatte sie geflucht und die anderen Autofahrer beschimpft – solche Wörter wären meinen Großeltern niemals über die Lippen gekommen! –, und ich war schockiert und völlig verängstigt, wenn auch nicht von der Wut oder der Schimpferei, sondern von den Wörtern selbst. Meist war meine Großmutter eine zaghafte Autofahrerin. Erst nach einem Unfall, bei dem ein Müllwagen in die Beifahrerseite unseres Datsun geknallt war, wo ich saß, beschloss meine Großmutter, eine aggressivere Autofahrerin zu werden – ich war vielleicht zehn. Sie fing an, den anderen Autofahrern den Mittelfinger zu zeigen, und immer, indem sie die Hand hob, wie um eine Frage zu stellen, nur mit dem Handrücken zum anderen Autofahrer, und brüllte: »Mach die Augen auf!« Mein Großvater fuhr so schweigend wie diese erhobene Hand.

Mein Großvater setzte aus der Auffahrt meiner Großtante zurück. Mein Großvater setzte aus der Auffahrt meiner Großtante zurück, und ich saß neben ihm, schnappte im Rückwärtsgang nach Luft, stieß die Luft aus, versuchte meinen Atem wieder sichtbar zu machen, doch der Wagen war schon zu warm, wir setzten zurück, wie immer in eine leichte Linkskurve, und fuhren dann geradeaus. Zu unserer Rechten stand das Haus meiner Großtante – gelb, in meiner Erinnerung, wobei das Haus, in dem ich damals wohnte, ebenfalls gelb war, und wie viele Häuser sind schon gelb? – und die Nachbarhäuser, zu unserer Linken ein blassgelbes Feld, das sich vom Straßenrand bis zum Horizont zu erstrecken schien, doch am Ende der Straße zu unserer Linken, an der Ecke, erhob sich aus dem Feld ein schattiges braunes Apartmentgebäude, als wäre es eine Brücke zwischen dem Feld und der Kreuzung. In meiner Erinnerung war sogar das Glas in den Fenstern braun. Ein paar Tage später sollte meine Großmutter mir erzählen, dass meine Großtante dieses Gebäudes besitze, dass sie Hauseigentümerin sei, und seine Schatten sollten noch dunkler werden – ich war immer davon ausgegangen, dass alle Hauseigentümer reich seien, aber wie konnte meine Großtante reich sein? Hätte ich das nicht längst gewusst, wenn meine Großtante reich gewesen wäre? Wäre nicht irgendein verräterisches Sprudeln von ihrem Leben auf unseres übergegangen, wenn sie reich wäre? Wäre meine Großtante reich, wäre ich dann nicht in der Lage, mein Leben von dem Leben, das ich führte, zu unterscheiden? Wäre ich dann nicht in der Lage, mich von mir selbst zu unterscheiden?

Aber *müsste* ein Mensch denn nicht reich sein, um ein Gebäude zu besitzen, in dem anderen Menschen wohnten? Das Nachbarhaus zu unserer Linken in Round Rock war das einzige Mietshaus in unserer Nachbarschaft. Anders als die anderen Häuser in unserer Nachbarschaft hatte es leicht geschwungene Steinwände, die an allen vier Ecken vom Dach abfielen und wie Flügel aussahen, wenn man sich die Flügel eines Wappenvogels vorstellt, die, anstatt sich über dem Kopf des Vogels zu erheben, nach unten zeigen, sie wölben sich nach außen, als würde der Vogel mit den Achseln zucken, um zu sagen, er habe kein Kleingeld, und sie reichen dem Vogel bis zu den Füßen. Familien schienen komplett in dem Haus einfach aufzutauchen: Ich erinnere mich nicht, dass je eine Familie ein- oder ausgezogen wäre. Ein paarmal waren dort Kinder in meinem Alter, zumindest annähernd, sie waren aber eindeutig anders als die Kinder, die ich kannte – ein Mädchen in meinem Alter mit einer Reibeisenstimme, wie kein Junge sie besaß, ein älterer Junge mit einer Sammlung japanischer Schwerter. Ich war verknallt in das Mädchen und schämte mich, wohlwissend, dass ihre Familie arm war; ich war neidisch auf den Jungen, doch ich durfte das kurze Bokken behalten, das er mir schenkte, kurz bevor er und seine Familie aus dem Haus verschwanden. Ich hielt alle Bewohner dieses Hauses für fremdes Eigentum. Ich hielt mich für den einzig anderen in unserer Gegend, der fremdes Eigentum war.

Wenn meine Großtante reich wäre, würde ich dann nicht in der Lage sein, mich von mir selbst zu unterscheiden?

Das Spiel in der Scheiße

Nicht lange nach dem Tod meiner Großmutter – sie starb Anfang November 2005 –, erzählte mir meine Mutter, die Mutter der Kinder aus einem der komischen Häuser am Hang auf der anderen Seite des Flüsschens sei ebenfalls gestorben, Jahre vor meiner Großmutter. Sie sei an Krebs gestorben, an dem sie schon erkrankt war, als ihre drei Söhne mit mir in unserem überschwemmten Garten in der Scheiße spielten. Ich weiß nicht, ob meine Großeltern wussten, dass sie krank war, ich jedenfalls wusste nicht, dass sie krank war. Während ihre Söhne in der Scheiße spielten, war ihr Mann bei uns im Haus, rannte von Zimmer zu Zimmer, half meinen Großeltern zu retten, was vor der Überschwemmung zu retten war, und dann half er ihnen beim Putzen. Ich weiß nicht, ob ihre Söhne wussten, dass sie krank war, aber ihr Mann muss es gewusst haben. Ihre Söhne und ich spielten in der aufgewühlten Scheiße in unserem Garten Baseball – wir hatten einen Schläger, ich erinnere mich an den Schläger, aber ich erinnere mich nicht an einen Ball. Stattdessen erinnere ich mich, dass wir uns abwechselnd auf einen imaginären Schlagmal stellten, ein paar Schritte vor dem Zaun an der südlichen Grenze unseres Gartens, während einer von uns einen imaginären Ball in Richtung des Schlagmannes warf, und je nach Timing des Schlagmannes bestimmten diejenigen von uns, die aufs Schlagen warteten, ob der Schlagmann den imaginären Ball getroffen hatte oder nicht, und im Falle, dass der Schlagmann getroffen hatte, wie weit der Ball geflogen war. Und so gab es immer und immer wieder einen langen Moment zwischen dem Schwung des Schlagmannes und seinem Sprint zur First Base, der ebenfalls imaginär war. In diesem Moment bestimmten die beiden Jungen, die aufs Schlagen warteten, wie lange der Schlagmann laufen würde. War es ein Base Hit? War es ein Pop Out? Immer und immer wieder mussten wir einen Moment nachdenken, bevor wir unsere Freunde durch die Scheiße schickten, aber immer wieder schickten wir sie los.

Von Zeit zu Zeit, beim Blick hinunter in die wässrige Scheiße, während ich zur First Base rannte, oder von der First zur Second, oder von irgendeiner Base zu irgendeiner Base, oder zur Home Base, dachte ich an die blutenden Fische auf den weißen Steinen in der hellen Frühsommersonne. Ich dachte an die Fische, und beim Gedanken an die Fische glaubte ich sie ein- oder zweimal in der wässrigen Scheiße an die Oberfläche schwimmen zu sehen – sie wirkten wie die Klingen von Fleischermessern, zuckend in den sanften Wellen. Etwa zehn Jahre später, als ich siebzehn bin, wird meine Großmutter, die schon in Alzheimer schwimmt, wobei sie erst zehn Jahre später davon erfahren wird, von der Psychologin, bei der ich in Behandlung bin, aufgefordert, sämtliche Messer in unserem Haus zu verstecken – ich hatte mittlerweile die Angewohnheit, mir beim Schwimmen in meinen eigenen wirren Gedanken mit Messern gegen die Brust zu tippen. Aber wenn ein Fisch auftauchte, während ich von der First Base zur Second Base, oder von irgendeiner Base zu irgendeiner anderen Base, oder zur Home Base rannte, brachte ich ihn sofort mit einem Blinzeln zum Verschwinden. Wochen zuvor, angesichts des unmöglich sauberen, unmöglich trockenen Bettes aus Quarz, wo Minuten zuvor noch Dutzende blutende silbrige Fische gelegen hatten, war mir klar geworden, dass ich ein Stück Realität verlegt hatte, oder ein Stück Zeit, oder beides – das Stück Realität oder Zeit oder beides, in dem die Fische von den Steinen entfernt wurden. Den Großteil der Prügelattacken, die ich als Kind erdulden musste, habe ich nicht mehr in Erinnerung. Von einigen weiß ich, weil meine Großmutter mir ein paar Jahre nach ihrer Trennung von meinen Großvater davon erzählte, und dann war ich in der Lage, sie in ein paar Löcher in meiner Erinnerung einzupassen; von einigen weiß ich heute nur deshalb, weil ich die Nimbusse der Angst kenne, die sie in meiner Erinnerung vernebeln. Wenn ich mich heute an die Fische erinnere, erinnere ich mich auch irgendwann an das Blut auf dem weißen Quarz und an die Klingen der Fleischermesser, die in der dunkelbraunen Scheiße schwimmen; irgendwann verschwimmen die Bilder ineinander, und das Blut auf den Steinen ist nicht das Blut toter Fische, sondern das Blut der Messer selbst; irgendwann muss ich mich anstrengen, um die Fische wieder auf die Steine zurückzuführen. Aber was ist Erinnern, wenn nicht jedem blutigen Messer einen Körper geben?

Das braune Apartmentgebäude, das meiner Großtante gehörte, war das Eckhaus an der Kreuzung am Ende ihrer Straße. Das Haus hockte in seinem eigenen Schatten wie ein Auge im Schatten des Schirms einer Baseballkappe – der Schatten des Gebäudes schien das Gebäude zu bedecken, als würde die Sonne in Oklahoma auch von der Erde aus scheinen. Mein Großvater und ich hielten an der Kreuzung. Mein Großvater hielt an der Kreuzung, kontrollierte, musste kontrolliert haben, ob die Straße frei war, wobei mir beim Schreiben dieser Zeilen gerade aufgeht, dass ich mich nicht erinnern kann, dass er je den Kopf gedreht hätte, was natürlich absurd klingt – teils erinnere ich mich an ihn in Bewegung, teils erinnere ich mich an ihn von Fotos, doch die Fotos nehmen Szenen in meiner Erinnerung ein, als wären sie lebende Teile der lebenden Szenen, weil die Fotos aber still sind, sind auch die Szenen still. Ich weiß nicht, ob diejenigen Szenen, in denen Teile von ihm still sind, in denen Teile von ihm Fotos sind – ein Kopf kann ein Foto sein, eine Hand, ein Fuß –, Szenen sind, in denen er mich schlug, und ich habe Stille anstelle der Gewalt eingefügt, oder Szenen, in denen er mich nicht schlug, und ich habe ihn stillgestellt, um mehr davon zu haben. An der Kreuzung drehte mein Großvater den

Kopf nach links und dann nach rechts, um zu kontrollieren, ob die Straße frei war. An der Kreuzung hielt mein Großvater den Kopf still.

Die Querstraße zur Straße meiner Großtante war frei, ich konnte aus fünfzehn Metern Entfernung erkennen, dass sie frei war, doch mein Großvater hielt trotzdem an der Kreuzung, denn selbst wenn uns kein Mensch zusah, sah uns das Apartmentgebäude zu, und es gehörte unserer Verwandten, oder er hielt, weil man an einem Stoppschild nun mal hält. Mein Großvater sah aus wie ein Mann, der vor niemandem Angst hat, er hatte einen furchtlosen, gespannten Ausdruck im Gesicht, einen wütenden Ausdruck, einen Ausdruck, der in einem anderen Gesicht vielleicht ein nachdenklicher Ausdruck gewesen wäre, kein tagträumerischer Ausdruck, ernst, knapp an der Grenze zu sorgenvoll, wobei die Sorge daraus bestand, womöglich nachdenklich zu erscheinen – da nachdenklich an sensibel und sensibel an weibisch grenzte –, und so zog sich ständig sein Gesichtsausdruck vor sich selbst zurück, konnte nicht festgemacht, auf den Punkt gebracht, angeklagt werden. Wir fuhren über die Kreuzung. Hinter uns schien das Apartmentgebäude meiner Großtante in der Landschaft zu versinken wie ein Kopf, der sich bejahend gegen den Brustkorb drückt, und es wird wieder dasselbe wie vorher, am selben Platz wie vorher, nur anders gesehen, *Ja, du kannst fahren.*

Vorbei an der Kreuzung und links an einem einst leeren Feld voller Häuser, die nicht allmählich, sondern alle auf einmal entstanden waren, und ich richtete mein Augenmerk auf die Häuser zu unserer Rechten, wo immer schon Häuser gewesen waren. Kurze, nackte Bäume standen zwischen einigen der Häuser; zwischen den anderen Häusern, nichts. Nach ein paar Minuten hielten wir an der nächsten Kreuzung vor dem nächsten Stoppschild, und an der übernächsten Kreuzung – einer Kreuzung mit Ampel – bogen wir links ab und gleich wieder rechts und fuhren auf den Parkplatz des Piggly Wiggly. Der Laden hatte die Art von automatischer Tür, die vor der eintretenden Person aufschwingt, im Gegensatz zu der Art von Tür, die auseinandergleitet, und der Aufkleber mit dem Wort »Eingang« an der Eingangstür war abgewetzt und porös. Ich erinnere mich, dass ich meinen Großvater beim Reingehen fragte, ob ich mir im Regal wenige Meter vor dem Eingang die Zeitschriften ansehen dürfe, und dass ich dann vor dem Regal stand und ein *Family-Circus*-Heft durchsah, aber ich erinnere mich nicht, was zwischen dem Fragen und dem Stehen geschah, wobei mein Großvater wahrscheinlich einfach nur ja sagte – nichts Schlimmes, nichts Grausames. Wie schmal sind doch die Räume, in die ich verschwunden bin, wie untief die Räume, in die ein Mensch verschwinden kann, wie dunkel die Räume.

Das *Family-Circus*-Heft, so wie ich es in Erinnerung habe, hatte in etwa Größe und Format der *Archie's-Double-Digest*-Hefte. Es würde mich aber nicht überraschen, wenn ich feststellen sollte, dass *Family-Circus*-

Comics dieser Art nie veröffentlicht worden waren – ein paar Jahre lang, immer wenn meine Großeltern und ich verreisten, las ich im Auto *Archie's-Double-Digest*-Hefte. Während ich das *Family-Circus*-Heft durchsah, begegnete mir zum ersten Mal das Comic, in dem die vielen mäandernden Schritte nachverfolgt werden, die ein Kind macht, um zu einer Person oder einem Gegenstand in seiner Nähe zu gelangen. Das Kind, sagen wir, das Kind ist ein Junge, will seine Mutter umarmen, die sich im Nebenzimmer befindet, oder er möchte ein Glas Orangensaft trinken, das in der Küche steht, also verlässt er sein Zimmer oder verlässt das Wohnzimmer und geht aus der Haustür oder aus der Gartentür, spaziert durch den Garten und den Nachbarsgarten, spielt mit einem Hund, springt in eine Pfütze und so weiter, kehrt dann ins Haus zurück und umarmt schließlich seine Mutter oder trinkt den Saft. Ich erinnere mich nicht genau an das Ziel des Jungen, und ich erinnere mich nicht genau an alle Einzelheiten seines Rundgangs, aber ich erinnere mich an den Witz: Ein Junge kann unvorstellbare Irrwege zurücklegen. Selbst wenn er heimkehrt, hat er unvorstellbare Irrwege zurückgelegt.

Ich hatte meinen Großvater gefragt, ob ich mir die Zeitschriften im Zeitschriftenregal ansehen dürfe, nicht weil ich eine Zeitschrift wollte, nicht mal ein *Archie's Double Digest*, sondern aus Ermangelung einer Einkaufsregel. Immer wenn meine Großmutter und ich zusammen zum H-E-B fuhren, trennten wir uns, und sie ging Lebensmittel kaufen, während ich die Spielsachen bestaunte, und irgendwann fand ich etwas, was ich haben wollte, oder mir wurde langweilig, und dann rannte ich durch den ganzen Laden, Quergang für Quergang, warf dabei einen Blick in jeden Gang und suchte sie. Ich hatte es als zu riskant eingestuft, meinen Großvater um ein Spielzeug zu bitten, und ich hatte ihm nicht trauen zu können geglaubt, dass er auf mich warten würde, wenn ich nur zum Spielsachengucken loszog, uns fehlte eine Regel, also hatte ich ihn gebeten, an der Tür stehen zu dürfen wie ein Kind, das Cookies verkauft oder Spenden sammelt, wie ein Kind, das anderen Leuten gehört.

Wir verließen das Piggly Wiggly mit etwas Rotem. Mein Großvater verließ das Piggly Wiggly mit etwas Rotem. Oder die Verpackung hatte größtenteils eine andere Farbe, aber die Ware in der Verpackung war rot und mit einem attraktiv inszenierten Foto bedruckt, das größtenteils rot war. Mein Großvater verließ das Piggly Wiggly mit etwas Rotem, aber ich sehe ihn nicht mit einer Tüte im Arm, wie er einen Piggly-Wiggly-Angestellten zu unserem Auto führt, die Heckklappe aufwirft oder den Angestellten bittet, die Tüte mit dem roten Etwas in den Kofferraum zu stellen. Und vielleicht gab es noch mehr Tüten, vielleicht kauften wir noch andere Sachen, wobei, da wir losgefahren waren, um eine Besorgung zu machen oder Besorgungen, die meine Großmutter oder meine Großtante vergessen hatten – wobei, da wir bei meiner Großtante essen würden, wird sie es wohl gewesen sein, die vergessen hatte, was immer wir gerade besorgt hatten –, da wir losgefahren waren, um etwas Vergessenes oder ein paar vergessene Sachen zu besorgen, wird es nicht viele weitere Tüten gegeben haben. Vielleicht war das Rote eine Dose Cranberrysoße, ich kann mir meinen Großvater mit einer Dose in der Hand vorstellen, mit allem, was metallisch ist. Was, wenn meine Großmutter oder meine Großtante einfach nur ein bisschen ihre Ruhe haben wollte? Ich weiß nicht, ob mein Großvater irgendetwas auf Kommando seiner Schwester getan hätte, vorausgesetzt, sie war seine Schwester, wobei zwischen unserem ersten Thanksgiving bei meiner Großtante und unserem zweiten Thanksgiving bei meiner Großtante der Mann meiner Großtante starb und mein Großvater den Großteil unseres zweiten Besuchs damit zubrachte, schweigend im Wohnzimmer im Sessel meines Großonkels zu sitzen und, das begriff ich sogar damals schon, meiner Großtante irgendwie in ihrer Trauer beizustehen. Den Rest der Zeit verbrachte er irgendwo jenseits meiner Erinnerung, oder in meiner Nähe, indem er ein Loch in meine Erinnerung bohrte.

(Meine Großtante war außerdem Malerin. In unserem Wohnzimmer hing ein Bild von einer Katze, das meine Großtante gemalt hatte – ein weiß-goldenes Perserkätzchen, dessen dickes Fell mit gewaltsamen, geraden Pinselstrichen dargestellt war, als würde ihm das Fell zu Berge stehen, die Miene aber war gelassen, neugierig, wie bei einem Kätzchen auf einem Katzenposter, und doch mit aufgerichtetem Fell, als hätte es schreckliche Angst vor etwas, das nicht mit im Bild war, etwas, das dort stand, wo die Person stand, die das Bild betrachtete, und diese Angst elektrisierte seinen Körper, aber nicht sein Gesicht.)

Mein Großvater überquerte den Parkplatz des Piggly Wiggly mit etwas Rotem, und in dem Fall, dass es eine Dose war, fing das Metall vielleicht das hohe, kalte Sonnenlicht sowie das vom Asphalt reflektierte Sonnenlicht ein. Ich überquerte den Parkplatz, ohne darauf zu achten, wo wir gingen, denn ich beobachtete meinen Großvater, der selbst war, wohin wir gingen. Nicht lange, nachdem mich meine Großeltern entführt hatten – ich muss noch drei gewesen sein, oder kann es sein, dass ich schon vier war? –, brachte mir mein Großvater bei, zu klatschen und einen Schrei auszustoßen, immer wenn ich die nackten Brüste einer Frau sah, was meistens im Kino geschah, da mich mein Großvater manchmal in die Softporno-Komödien mitnahm, die er so mochte. Niemand in den Kinos hielt ihn jemals auf; meine Großmutter hielt ihn nie auf. Die einzige Geschichte, die er seinen Freunden gern über mich erzählte – und nachdem seine Freunde die Geschichte zu oft gehört hatten, die einzige Geschichte über mich, die er immer wieder zu Hause erzählte –, war eine Geschichte, wie genau das geschah. Immer wenn er die Geschichte erzählte, sagte er, ich sei zwei gewesen, aber heute weiß ich, dass ich nie im Leben zwei gewesen sein kann – ich stand auf meinem Sitz und klatschte in die Hände und brüllte so laut, dass mein Großvater mich aus dem Kino tragen musste. Wenn er die Geschichte erzählte, schlug er mich nie.

Der Schulball

Der größte Teil des Tages war vorbei. Ein knappes Jahr war vergangen, seit meine Großeltern und ich zuletzt bei meiner Großtante zu Besuch waren, aber dieses Jahr stand kein Thanksgiving-Besuch bei ihr an. Es war vielleicht drei oder vier Uhr nachmittags, aber im Spätherbst, ein Samstag im Spätherbst, im Spätherbst enden sogar Samstage früh. Ich trug eine Weste, eine schwarze Weste, also eine Daunenjacke mit abgenommenen Ärmeln, ein Look, den ich mir vor dem Schulball, meinem ersten Schulball, gerade zurechtgelegt hatte. Ich hatte den Look im Badezimmerspiegel für gut befunden und bewegte mich jetzt darin, stellte mir vor, wie ich mit dem Look aussah, wenn ich mich bewegte, wie gut ich aussah, das strahlend weiße Hemd, die schwarze Hose, die Freude raubt dir den Verstand, bringt dich in Gefahr, wie gut ich aussah, aus der Inaugenscheinnahme war schnell und unmerklich eine Ankündigung der Schönheit geworden, die ich so selten, fast nie, nie zuvor, jetzt zum ersten Mal, die Schönheit, die ich nie zuvor gehabt zu haben glaubte, denn die Schatten in mir verdunkelten meine Haut, die Schatten, die nicht mal gut waren für das, wofür Schatten gut sind, nämlich einem ein Versteck zu bieten, da mein Vater in letzter Zeit in meinem Kopf als Schatten auftauchte – ich war elf und hatte angefangen, nachzudenken, mir Fragen zu stellen über meinen Vater –, denn meine Großeltern waren hell, nicht innerlich schattig, und das Schlimmste an ihnen, die schlimmsten Dinge, die sie taten und sagten, waren nicht so dunkel wie das Beste an mir. Aber heute war mir meine Schönheit verkündet worden, das strahlend weiße Hand erhellte meinen Brustkorb unter der schwarzen Weste, erhellte meine Arme, die Freude raubte mir den Verstand, und ich tanzte, schob meinen Kopf vor und zurück, vor und zurück wie die weiße Frau in dem Video zu »Walk Like an Egyptian«, ich tanzte aus dem grau werdenden Tageslicht im Garten und durch die große Glastür, die ich tanzend aufgeschoben hatte, hinein in das schattige Wohnzimmer, da ich den Look mit hinausgenommen hatte ins Tageslicht, das erst grau wirkte, als ich es wieder verließ. Mein Großvater saß in seinem Sessel und sah mich an, der Ekel stand ihm ins Gesicht geschrieben und er sagte: »Du willst doch wohl nicht aussehen wie *die da*, oder?«, und mit *die da* meinte er nicht die Frauen in dem Video, sondern die *Nigger*. Er konnte *die da* auf diese Weise sagen, und er hatte mich so erzogen, um ihn zu verstehen, wenn er *die da* auf diese Weise sagte. Ich hörte auf zu tanzen. Ich ging in mein Zimmer und zog die Weste aus. Ich hörte auf zu tanzen und wartete auf den Schulball.

Scham

Ende der Fünfziger- oder Anfang der Sechzigerjahre studierte mein Großvater an der Oregon State University in Corvallis. An den Wochenenden fuhr er fast fünfzig Meilen nach Süden zur University of Oregon in Eugene, um Männer, die er für schwul hielt, zu überfallen und zusammenzuschlagen. Mein Großvater erzählte nicht ein Mal eine Geschichte, für die er sich schämte.

Einmal erwähnte meine Großmutter nebenbei, dass mein Großvater auch schwarze Männer überfiel und zusammenschlug. Die letzte Geschichte, die mein Großvater mir jemals erzählte, war die Geschichte, wie er in der Woche zuvor eine Gruppe seiner Freunde zusammengetrommelt hatte, und sie hatten einen Schwarzen überfallen und zusammengeschlagen. Der Schwarze hatte seine Freundin angeschnauzt, eine weiße Frau, und mein Großvater hatte es mitangesehen und mitgehört. Mein Großvater erzählte meiner Großmutter diese Geschichte und gleichzeitig auch mir. Wir waren im Wohnzimmer des ersten Hauses, in dem meine Großmutter und ich ohne meinen Großvater wohnen sollten, in Beaverton, Oregon, einem Vorort von Portland. Mein Großvater schwitzte, nachdem er gerade Dutzende von Kisten ins Haus geschleppt hatte, nicht alle auf einmal, er hatte nur die letzten Dutzend Kisten ins Haus geschleppt und hatte ein Glas Wasser in der

Hand, keine Dose Coors. In den vierzehn Jahren vor diesem Moment hatte er immer eine Dose Coors in der Hand, aber im neuen Haus meiner Großmutter gab es kein Coors, und wir saßen alle auf Klappstühlen. Mein Großvater wird in seinen Fünfzigern gewesen sein, als er mir diese Geschichte erzählte, die letzte Geschichte, die er mir jemals erzählte, wobei er mir ein Jahr später zu Weihnachten die *Gesammelten Gedichte von Langston Hughes* schickte, die letzte Geschichte, die er mir jemals schenkte – meine Großmutter hatte ihm erzählt, dass ich angefangen hätte, Gedichte zu schreiben –, also wird er in seinen Fünfzigern gewesen sein, als er den Schwarzen überfiel. Aber das Letzte, was ich ihn je habe tun sehen, ist weinen, nachdem er mir Lebwohl sagte, Worte, die Lebwohl bedeuteten, im Garten des Hauses, in das er gerade meiner Großmutter und mir hatte einziehen helfen – das Haus, das er für uns organisiert hatte, damit wir ihn nie wiedersehen mussten. Er wandte sich von mir ab, und ich hörte ihn schluchzen, während er die gläserne Schiebetür aufschob und hindurchging, hinein in die ersten Schatten, von denen er wusste, dass sie mir irgendwann vertraut werden würden, aber niemals ihm.

Welches Haus war das Haus meines Großvaters? Nachdem meine Großmutter ihn verließ und sie und ich nach Beaverton zogen, weiß ich nicht, wohin er ging. Bis gerade eben hatte ich gedacht, er sei nach Arizona gezogen – ich hatte gedacht, er sei aus der Tür des ersten Hauses getreten, in dem meine Großmutter und ich ohne ihn wohnen sollten, und sei, anstatt nach Kalifornien in das letzte Haus zurückzukehren, in dem wir alle zusammen gewohnt hatten, nach Arizona gefahren, nach Phoenix, glaube ich, in seinem – gerade wird mir klar, dass ich mich nicht mehr an das letzte Auto erinnere, in dem ich mit ihm gesessen haben muss, was für ein Auto es war. Aber ich weiß, dass mein Leben nach ihm weiterging wie eine Pflanze, die allein in einem Loch von der Größe eines Hauses wächst. Hier bin ich, in meinem Leben, mittendrin, aber ich habe so viele Erinnerungen an mein Leben mit meinem Großvater vergraben, dass mein Leben wie eine Pflanze in einem Loch von der Größe eines Hauses ist, in einer Leere, eine Pflanze, die aus der Erde gerissen und verpackt wurde, und kein Zentimeter der Pflanze kommt mit Erde in Berührung, sie ist unter Glas, die Pflanze kommt nicht mit Regen in Berührung. Mit verdrängten Erinnerungen zu leben heißt nicht, zu sein wie eine wurzellose Pflanze, es heißt, zu sein wie ein Pflanze, deren Wurzeln mit nichts in Berührung kommen.

Aber ich weiß, dass mein Großvater irgendwann nach Arizona zog, ich glaube, nach Phoenix. Ich weiß es, weil meine Mutter mit ihm in Kontakt blieb. Sie erzählte mir, seine Reaktion auf die Nachricht von der Geburt meines ersten Kindes sei gewesen: »Sieht sie aus wie ein Nigger?« Ich weiß das, weil meine Mutter mit ihm in Kontakt blieb.

Wessen Kind war meine Mutter? Hätte sie nicht meins sein müssen?

Irgendwann zog mein Großvater nach Kalifornien. Irgendwann lernte mein Großvater dort eine Frau kennen, die einen dreizehnjährigen Sohn hatte, irgendwer erzählte mir, er sei dreizehn, und heiratete sie. Er wird immer noch in seinen Fünfzigern gewesen sein. Er war immer noch muskulös und gut aussehend – in jüngeren Jahren hatte er ausgesehen wie George Clooney, George Clooney mit Schnurrbart, wobei George Clooney keinen berühmten Bezugspunkt für Attraktivität darstellte, als mein Großvater jünger war, sondern stattdessen ein Kind war –, doch mein Großvater war kleiner, als er sein wollte, wenn auch immerhin 1,73. Obwohl er schon damals in Round Rock angefangen hatte, ins Fitnessstudio zu gehen, nahm nach unserem Umzug nach Kalifornien, als er Ende vierzig war, die Häufigkeit seines Hanteltrainings zu. Ich weiß, dass er nie ein Hantelset in der Garage hatte, aber ich erinnere mich, dass er ein Hantelset in der Garage hatte. Nachdem meine Großmutter und ich ihn verlassen hatten, wurde das Haus in Kalifornien, das letzte Haus, in dem wir alle zusammen als Familie gewohnt hatten, zum ersten Haus, in dem er allein wohnte, seit er in seinen Zwanzigern war. Es war also niemals sein Haus, nicht in meiner Vorstellung, weil ich ihn mir nicht allein darin vorstellen konnte, und so dringend ich ihn als Teenager auch loswerden wollte, ich konnte ihn mir ohne uns nicht vorstellen. Sein Haus war das Haus in Texas, das Haus, in das wir kamen und das wir als Familie verließen.

Ich weiß von seinem Leben, nachdem er fragte, ob mein erstes Kind wie ein Nigger aussehe, weil meine Mutter mit ihm in Kontakt blieb.

Niemals habe ich als Kind davon fantasiert, dass mich jemand vor meinen Großeltern rettet, vor allem vor meinem Großvater. Stattdessen hatte ich schreckliche Angst, ich könnte ihnen weggenommen werden – wobei ich nicht die ganze Zeit bewusst schreckliche Angst davor gehabt haben konnte, denn wenn ja, wie hätte ich funktionieren können? Dennoch, wenn ich versuche, mich zu erinnern, wie ich mich als Kind gefühlt habe, ganz generell, wie ich mich an einem normalen Tag als Kind gefühlt habe, wobei normale Tage diejenigen Tage sind, an die man sich am schwersten erinnern kann, außer, bei mir, diejenigen Tage, an denen ich geschlagen wurde, wobei die Schläge selbst für mich bisher fast unmöglich in Erinnerung zu rufen sind, es sagt sich leicht, dass ich so schlimm geschlagen wurde, dass es mir die Erinnerung verschlug, aber die Wahrheit ist, ich weiß nicht, wie schlimm ich geschlagen wurde, außer, dass ich weiß, dass mein Großvater mich mit dreizehn oder vierzehn mindestens einmal so schlimm verprügelte und mit solch einer Wut, dass meine Großmutter dachte, er bringt mich um, aber davon abgesehen, nicht mal der Luxus der Vertrautheit mit meinem eigenen Schmerz, selbst im Hinblick auf das eine Mal, als ich verprügelt wurde und meine Großmutter dachte, mein Großvater bringt mich um, die Erinnerung ist passiv, eine Erinnerung an ein Gespräch fünf Jahre danach, und die Rückbesinnung auf die Schläge schienen derjenigen Person, die mir davon erzählte, meiner Großmutter, nicht wehzutun. Auch wenn normale Tage diejenigen Tage sind, an die man sich am schwersten erinnert, erinnere ich mich, wenn ich versuche, mich zu erinnern, wie ich mich als Kind gefühlt habe, dass ich schreckliche Angst davor hatte, man könnte mich meinen Großeltern wegnehmen, da war nicht der Ansatz eines Wunsches, bei ihnen zu bleiben, nur eine große, bittere Furcht, ihnen weggenommen zu werden.

Immer wenn sie mich besuchte – auch meine Großeltern, meine Mutter besuchte auch meine Großeltern, ihre Eltern, aber so habe ich ihre Besuche nie wahrgenommen –, immer wenn sie und ich allein waren, beharrte meine Mutter darauf, dass ich meine Großeltern jederzeit verlassen und zu ihr ziehen könne, ich müsse ihr nur Bescheid sagen, dass ich zu ihr ziehen wolle. Immer wenn sie zu Besuch war, fragte mich meine Mutter, ob ich zu ihr ziehen wolle. Die Qualen, die ich ausstand, wenn meine Mutter mich fragte, ob ich zu ihr ziehen wolle, gehören zu den wenigen spezifischen Leidensmomenten aus meiner Kindheit, an die ich mich erinnern kann. Ich wollte nicht zu ihr ziehen, weil sie nicht meine Mutter war – das war ja meine Großmutter –, aber da sie meine Mutter war, wollte ich ihr nicht sagen, dass ich nicht zu ihr ziehen wollte. Anstatt nein zu sagen, starrte ich meistens in den Fußraum, denn sie fragte mich das meistens, wenn wir zusammen bei ihr im Auto saßen, und ich starrte so lange vor mich hin, bis sie das Thema wechselte. Als Kind wünschte ich mir oft, meine Mutter würde aufhören, mir anzubieten, mich meinen Großeltern wegzunehmen, die sie ihre ganze Kindheit hindurch geschlagen hatten (mein Großvater) und die zugelassen hatten, dass sie geschlagen wurde (meine Großmutter) –, mich nicht vor ihnen zu *retten*, sondern ihnen wegzunehmen; sie fragte mich nie, ob mein Großvater mich schlug. Aber welche Qualen hätte ich erst gelitten, wenn sie aufgehört hätte, ihr Angebot zu machen? Hätte ich sie genauso gehasst, wie ich meinen Vater hasste? der, wie mir meine Großeltern beigebracht hatten, nicht mal eine Gelegenheit wollte, um mich zu retten?

MEINE MUTTER DER ECLIPSE

Als ich sie schließlich wirklich kennenlernte, war meine Mutter sichtlich erwachsen – genau wie ich ein paar Jahre zuvor, mit einundzwanzig, sichtlich erwachsen war und Krawatten trug und eine weiche Lederaktentasche mit Messingschnallen, die auf alt gemacht waren, obwohl ich gar keinen Job hatte. Doch meine Mutter hatte einen Job; sie arbeitete in einer Bank. Sie schloss Hauskredite ab. An diesem Punkt in ihrem Leben war sie der glamouröseste Mensch in meiner Familie. Meine Mutter hatte lange, hellbraune Haare, ein ovales Gesicht, Sommersprossen und eine kleine Nase, und sie schien immer die gleiche Sonnenbrille zu tragen wie zwanzig Jahre jüngere Frauen. Aber sie war auch die einzige Person in meiner Familie, die nicht einer Berühmtheit ähnelte – meine Großmutter sah aus wie Elizabeth Taylor, mein Großvater sah aus wie George Clooney, und ich, weil ich schwarz war, sah aus wie Michael Jackson, dem ich, abgesehen von unserer gemeinsamen Hautfarbe, in keiner Weise ähnelte.

Den Großteil meiner Kindheit verbrachte meine Mutter nicht in derselben Stadt wie ich, sondern in einer Stadt, die ungefähr eine Autostunde entfernt lag, als wäre sie ein Heer, das eine ummauerte Stadt belagerte, ständig die Position wechselte, um den besten Teil der Mauer für den Angriff auszuspähen, aber weit genug auf Abstand blieb, um kein Gefecht zu entzünden. An Tagen, wenn es hieß, sie komme zu Besuch, hielt ich an einem Fenster nach ihr Ausschau wie der Bewohner einer belagerten Stadt nach vermeintlich nahender Rettung.

Einige Jahre lang, als ich Mitte bis Ende zwanzig war und meine Mutter Anfang bis Mitte vierzig, besaß sie ein Haus, und hatte jahrelang Kreditkartenschulden abbezahlt, und konnte sich ein neues Auto kaufen, wann immer sie Lust hatte, sich ein neues Auto zu kaufen – einen neuen *Sportwagen* sogar. Ja, einen Mitsubishi Eclipse, aber den schnittigsten, bedrohlichsten Mitsubishi Eclipse, den ich je gesehen hatte, in Schwarz. Ich war dabei, als sie ihn aussuchte, und er sah so schnittig aus, dass ich mir sicher war, ich würde niemals darin sitzen dürfen. Aber dann, peng, saß ich drin, und meine Mutter fuhr vom Hof des Autohändlers und die breite Straße hinunter, während sich der Händler auf dem Rücksitz unbehaglich nach vorn beugte und gerade ebenso viel sagte, um den Verkauf nicht zu gefährden. Nie zuvor hatte ich meine Mutter mit solchem Erwachsenengeld hantieren sehen. Ich fühlte mich mehr als Teil der Welt, mehr *in* der Welt, und zugleich, als schwebte ich außerhalb meines Körpers. Sie war zum Händler gegangen, um sich einen PT Cruiser zu kaufen.

Der Haus, das meiner Mutter gehörte, als sie sich den Eclipse kaufte – das einzige Haus, das sie meines Wissens je besaß –, hatte in etwa die Größe des ersten Hauses, in dem mein Großvater gewohnt hatte, das Haus in Meeker, nur ein bisschen größer. Das Haus in Meeker wurde von Bäumen bedrängt; obwohl es in Portland lag, war das Haus meiner Mutter zu allen Seiten hin unverstellt, obwohl sie Bäume im Garten hatte, und Waschbären, sagte meine Mutter, in den Bäumen, inmitten der Bäume, nicht im Innern der Bäume.

Bevor ich von meinen Großeltern entführt wurde, hatte ich mal bei meiner Mutter gelebt und mal bei meinem Vater – am Tag meiner Entführung lebte ich gerade bei meinem Vater oder war bei ihm zu Besuch, und er hatte mir gerade ein Big Wheel oder ein Dreirad oder ein Fahrrad gekauft, aber ich war erst drei, obwohl mir meine Großeltern immer und immer wieder erzählen sollten, dass ich achtzehn Monate alt gewesen sei, als sie mich nach Texas brachten. Und jedes Mal, wenn sie mir erzählten, dass ich achtzehn Monate alt gewesen sei, als sie mich wegbrachten, erzählten sie mir auch, dass mein Vater mich nicht gewollt hätte, aber wahrscheinlich war es ein Big Wheel oder ein Dreirad, denn ich war ja erst drei Jahre alt, und gleich nachdem sie mich entführt hatten, kauften mir meine Großeltern ein Big Wheel, und später noch eins, eines, das ich unbedingt haben wollte, zu der Zeit war es, glaube ich mich zu erinnern, der erste Gegenstand, den ich haben wollte, das Erste, was ich mich haben zu wollen erinnere, ein größeres Big Wheel als das, das mir meine Großeltern gleich nach meiner Entführung gekauft hatten, länger, ich musste es fast im Liegen fahren, und auch wenn das Fahrgestell schwarz war, hieß es »Green Machine«, wegen seiner grünen Akzente – und als Kind erzählte mir meine Mutter immer, wenn sie mich besuchte, dass wir, als ich ein Baby war, in einem Haus mit Waschbären im Garten gewohnt hätten. Das Haus muss ein Mietshaus gewesen sein, ihr Eigentumshaus aus der Zeit, als sie sich den Eclipse kaufte, war nicht dasselbe Haus. Und wenn im Garten des Eigentumshauses Waschbären wohnten, wohnten sie auf dieselbe Weise im Garten, wie Regen an einem Regentag in einem Garten wohnt.

Fünf Tode
I.

Drei Monate vor dem neunzehnten Geburtstag meiner Mutter, am 22. September 1975, wurde ich im Providence St. Vincent Medical Center in Portland, Oregon, tot geboren. Laut meinen Großeltern und meiner Mutter war ich entweder im Fruchtwasser ertrunken, oder ich war erstickt, weil sich die Nabelschnur um meinen Hals gewickelt hatte. Lange Zeit als Kind hielt ich meine Geburt für das Interessanteste an mir, und ich erzählte allen neuen Bekanntschaften meine Geschichte, angefangen mit der Frage »Wusstest du schon, dass ich tot geboren wurde?«, als hätten sie um diesen Umstand vor unserer Bekanntschaft wissen können, als wäre die Geschichte größer als ich selbst, ähnlich wie Heiligenscheine auf Gemälden größer sind als Köpfe. Doch die einzig konkreten Erinnerungen, die ich davon habe, als Kind den Leuten meine Geschichte erzählt zu haben, enthält nur einen Splitter davon, wie ich den Leuten die Geschichte erzähle – das Erzählen liegt am Rande der Erinnerung, als würde es gleich rausfallen. Im Zentrum der Erinnerung bin ich auf einem Spielplatz mit zehn oder fünfzehn anderen Kindern, klettere immer wieder auf einen hohen hölzernen Turm und springe in den Sand. Ich versuche den anderen Kinder weiszumachen, dass ich mich nicht verletzten könne, weil ich schon mal tot gewesen sei.

II.

Drei Monate vor dem neunzehnten Geburtstag meiner Mutter wurde ich in einem Krankenhaus geboren, das mein Vater nicht besucht hatte, oder doch besucht hatte, aber nicht, nachdem ich geboren wurde, oder nicht besuchen konnte, weil ihn meine Großeltern daran gehindert hatten. Nicht eine Geschichte aus meinem Leben aus der Zeit, bevor ich alt genug war, um mich an mein Leben zu erinnern, war zeit meiner Kindheit verlässlich. Meine Großeltern erzählten mir, ich hätte meinen Vater nie kennengelernt, dass er nicht wisse und nicht wissen wolle, wo ich sei, aber auch, dass eine seiner Verwandten meine Weihnachtsgeschenke geklaut hätte, als ich noch ein kleines Kind war, wogegen meine Mutter mir erzählte, ich hätte als kleines Kind mal bei ihr und mal bei ihm gelebt. Wenn meine Großeltern mich mit Erfolg entführen wollten, mussten sie dafür sorgen, dass ich mich nicht kannte – das ist die lebenslange Aufgabe bei der Entführung eines Kindes. Und sogar jetzt, nach einer Lebzeit des Fragenstellens über derlei Dinge, wird mein Drang, die Einzelheiten meiner Vergangenheit in Erfahrung zu bringen, gedämpft von meiner Angst, zu entdecken, dass nichts von dem, was ich über meine Vergangenheit weiß, wahr ist – diese Angst ist das ist einzig konstante Merkmal, das einzig *wahre* Merkmal meiner Identität, die meine Erziehung mir erlaubt.

Ein Kind kann dazu erzogen werden, sich für den Rest seines Lebens an seinem eigenen Verschwinden zu beteiligen.

III.

Drei Monate vor dem neunzehnten Geburtstag meiner Mutter wurde ich geboren. Als ich geboren wurde, hatten sie und mein Vater sich bereits getrennt. Als Kind wurde mir gesagt – von meinen Großeltern, ich kann mich nicht erinnern, dass meine Mutter je mit mir über das Ende ihrer Beziehung mit meinem Vater gesprochen hätte – als Kind wurde mir gesagt, meine Vater habe meine Mutter sitzen lassen, kurz bevor sie mich zur Welt brachte. Mal hatte er ihre Bettkante verlassen, als sie in den Wehen lag, und war nicht wiedergekommen; mal hatte er sich wenige Wochen vor dem Geburtstermin von ihr getrennt. Die Einzelheiten der Geschichte waren weniger wichtig als der Hass hinter der Darstellung – »Was ist das nur für ein Mann, der nicht für seine Familie sorgt?«, sagte mein Großvater dann; »Er lebt mit seiner neuen Frau und ihren Kindern in Brasilien – er hat keine Zeit, dich zu besuchen«, sagte meine Großmutter –, und der Hass hinter der Darstellung war weniger wichtig als der Hass, den die Darstellung schüren sollte, ein Hass, der mich durch künftige Zeiten retten sollte, in denen ich mich bemüßigt fühlen könnte, nach meinem Vater zu suchen, und ohne dass meine Großeltern da wären, um mir die Suche nach ihm auszureden.

IV.

Drei Monate vor dem neunzehnten Geburtstag meiner Mutter wurde ich geboren, offiziell als Weißer. Meine Großmutter, die überzeugt war, dies sei ihre einzige Chance, mich zu retten, mich *wirklich* zu retten, mich bis in die Tiefe meiner Seele zu lieben, trug in meine Geburtsurkunde ein, ich sei weiß, da meine Mutter zu der Zeit in keinem Zustand war, Formulare auszufüllen. Dass sie das getan hatte, erzählte sie mir erst, als ich dreizehn war, und als ich sie nach dem Grund fragte, sagte sie, sie habe gewollt, dass ich »all die Vorteile« genösse. Seit ich von meiner Großmutter erfuhr, was sie mit meiner Geburtsurkunde angestellt hatte, habe ich mir, wenn ich eine weiße Person das Wort »weiß« verwenden hörte, unabhängig vom Kontext, zum Beispiel, wenn Robert Smith »You were stone white … You were always so lost in the dark« singt, in »Pictures of You« –, immer Sorgen gemacht, dass sie nur deshalb dieses Wort benutzten, weil sie keine Schwarzen mochten, also mich.

V.

Drei Monate vor dem neunzehnten Geburtstag meiner Mutter wurde ich geboren, am letzten Tag des Sommers, drei Jahre nach dem ersten gemeinsamen Sommer meiner Eltern.

Die einzige Familiengeschichte, die irgendetwas mit dem Beginn meines Lebens zu tun hat, die durch mein Leben hindurch konstant blieb, bezog mich nicht mit ein – die Geschichte, wie meine Eltern sich kennengelernt haben. Immer wenn meine Mutter die Geschichte erzählte, erzählte sie sie fieberhaft, wie im Delirium, erhitzt, so schien es, von einer Leidenschaft, mir einzureden, sie habe nur ein einziges Mal mit meinem Vater geschlafen, und nur, um mich hervorzubringen. Meine Eltern lernten sich im Sommer 1972 kennen, im längst abgerissenen Kmart in Salem, Oregon, wo meine Mutter hinter der Snacktheke stand und Icees, Hotdogs und Popcorn verkaufte.

Laut meiner Mutter war mein Vater, flankiert von zwei anderen Jungen, die ihm auf irgendeine Weise untergeordnet wirkten, aus unmöglicher Entfernung auf sie zugeschlendert, im als auch jenseits des Kmart in Klamotten, sagte sie immer, »wie Super Fly«. Sie wird etwa fünfzehn gewesen sein; er war wahrscheinlich siebzehn oder achtzehn. Sie hat mir nie erzählt, was er bestellte; sie hat mir nie erzählt, worüber sie sich unterhielten. Aber was sie mir erzählte, war, dass das Auto, mit dem er zum Kmart gekommen war, Lautsprecher in den Radkästen hatte, kann also sein, dass sie mit ihm nach draußen gegangen ist – wobei mir das zu sehr nach Spekulation klingt; vielleicht hat er ihr stattdessen beim Icee-Schlürfen von seinen Lautsprechern erzählt. Als Kind war ich überzeugt, vaterlos und tot geboren worden zu sein.

Zwei Erinnerungen habe ich aus den Jahren, in denen ich mal bei meiner Mutter, mal bei meinem Vater gelebt habe. In der einen bin ich mit meiner Mutter in einem Supermarkt. Wir wollen Softdrinks kaufen. An dieser Erinnerung ist weiter nichts, wobei sie möglicherweise mit der zweiten Erinnerung verknüpft ist, in der ich mich im gigantischen Schatten eines Menschen in einem pelzigen Ganzkörper-Tierkostüm verstecke – erst in der Rückschau ist das Tier ein Mensch; damals dachte ich, das Tier sei ein Tier, ein Monster. Ich bin entweder bei irgendeiner Veranstaltung für Kinder, oder ich bin im Supermarkt mit meiner Mutter, und wir kaufen Softdrinks, und das Tier ist das Maskottchen des Ladens und hat in den Gängen nach Kindern gesucht. Wie auch immer, dieses große, dünne braune Tier mit locker sitzender, schlabbriger Haut und schlabbrigen Hundeohren ist das Erste, wovor ich mich gefürchtet zu haben erinnere. Es kommt auf mich zu, um mir die Hand zu schütteln, und ich fange an zu weinen, dann zu schreien, und weiche zurück in einen gigantischen Schatten. Doch dann zwingt mich meine Mutter, mich neben das

Tier zu stellen, weinend, schreiend, lange genug, dass jemand ein Foto machen kann, wie ich dem Tier in die Augen starre.

Aber ich habe noch eine dritte Erinnerung aus den Jahren, in denen ich mal bei meiner Mutter, mal bei meinem Vater lebte, aber es ist nur die Erinnerung, wie ich in einem Zimmer bin. Meine Mutter und ich stehen zusammen in einem Wohnzimmer, ich glaube, es ist ein Wohnzimmer, damals wusste ich wahrscheinlich, was es für ein Zimmer war, wahrscheinlich, falls meine Mutter mich gerufen hätte, falls ich in meinem Zimmer war, falls ich ein Zimmer hatte in der Wohnung oder vielleicht in dem Haus, an das ich mich erinnere, falls meine Mutter mich gerufen hätte, »Shane! Komm mal ins Wohnzimmer«, hätte ich gewusst, welches Zimmer sie meint, und ich wäre gekommen. Sie und ich stehen zusammen, und wir sind gerade von irgendwo nach Hause gekommen, aus einem Laden, vielleicht aus *dem* Laden, dem Laden mit dem großen Tier mit der lockeren Haut, vielleicht ist es der Tag, an dem ich das Tier sah – vielleicht ist das Sehen des Tieres die Erinnerung, und das, woran ich mich erinnere, bevor ich das Tier sah und nachdem ich das Tier sah, der Detonationsradius. Wenn ja, war der Schrecken ein Geschenk – ohne den Schrecken hätte ich vielleicht mein Zuhause vergessen.

Sämtliche Gespräche über meinen Vater, an die ich mich mit anderen Kindern nicht geführt zu haben erinnere, müssen stattgefunden haben, bevor ich elf war, bevor ich zehn war, bevor ich neun war. Sicherlich kannten mich mit neun die anderen Kinder gut genug, um zu wissen, wer mein Vater nicht war, sicherlich kannten mich mit neun die anderen Kinder an der Forest North, Kinder, von denen einige im schattigen, endlosen Rest der Gegend auf der anderen Seite der Brücke wohnten, die die Grenze zwischen meinem Teil der Gegend und dem endlosen Rest markierte, die Grenze, die ich allein nicht überschreiten durfte, wobei ich mit neun, zehn, sicherlich aber mit elf, als ich wusste, dass meine Großeltern beschlossen hatten umzuziehen, immer wenn ich doch die Grenze überschritt, immer das Gefühl hatte, sie wüssten davon, meine Großmutter wisse davon, wie konnte mein Großvater davon wissen, wo er doch bei der Arbeit war und weit weg? außer am Wochenende, wenn auch er davon wusste, Kinder, die teilweise in anderen Gegenden wohnten, die genauso gut im Himmel hätten wohnen können, die unvorstellbar anderswo wohnten, sicherlich wussten die anderen Kinder an der Forest North, wer, als ich neun war, mein Vater nicht war, sodass sie mich mit seiner Abwesenheit nicht hänseln konnten. Dass mein Desinteresse ihnen nichts bringen würde, dass, was nach Desinteresse aussah, aber in Wahrheit dauerhafte Wut war, die allen Hänseleien standhielt.

Mit elf hatte ich angefangen, mich zu fragen, ob mein Vater mich wirklich im Stich gelassen hatte, und wenn er mich *nicht* im Stich gelassen hatte, warum schrieb er mir keine Briefe? Und selbst *wenn* er mich im Stich gelassen hatte, warum schrieb er mir nie Briefe, wenn er sein anderes Kind oder seine anderen Kinder so sehr liebte, dass er bei ihnen blieb, wäre er nicht wenigstens ein bisschen neugierig auf mich? Ich ging weg aus Texas und begann mich zu fragen, warum ich meinen Großeltern solche Fragen über meinen Vater nicht stellen konnte.

Doch bevor ich wegging, an einem Tag in den Jahren, bevor ich wegging, an einem Schultag oder einem Tag, an dem mein Großvater verreist war, fragte ich meine Großmutter nach dem Namen meines Vaters, und sie sagte: »Ich weiß es nicht. Entweder Stanley, oder sein Vorname ist Stan, und sein Zweitname ist Lee.« Obwohl das Zimmer, in dem wir standen, unser Wohnzimmer, auf einmal zu verstummen und sich mit Donnergrollen zu füllen schien, erzählte sie es, als wäre überhaupt nichts dabei. Ich hätte ja nie gefragt, was mir eigenartig vorkam, denn vor dieser Frage hatte ich Angst gehabt, und Angst war ungefähr das einzige Gefühl, auf das ich mich verlassen konnte. Erst später erkannte ich die Bedeutung ihrer Unbekümmertheit, nämlich, dass sie von dem Menschen, dem sie sein Erstgeborenes geraubt hatte, zu wenig hielt, um sich dessen Namen zu merken. Ich verließ Texas in dem Wissen, dass ich den Namen meines Vaters im Kopf hatte, auch wenn ich unsicher war, welcher der Namen, die ich im Kopf hatte, seiner war. Ich verließ Texas und war unsicher, ob ich den Namen meines Vaters sagte, wenn ich den Namen meines Vaters sagte, aber ich sagte seinen Namen.

KALIFORNIEN DER TOD

Die Todesangst

Als ich elf war, zogen meine Großeltern und ich von Texas nach Kalifornien, von Round Rock nach Livermore, vom zweitgrößten Staat in den drittgrößten Staat, also war es kein allzu großer Prestigeverlust, wo Kalifornien ohnehin mehr Einwohner hatte, die meisten, doch immer wenn es in der Grundschule um Alaska ging, klang Alaska eher nach einer Idee, und zwar keiner sehr handfesten wie das Alamo, sondern eher wie ein Tagtraum, also war Texas praktisch der größte Staat, der größte Staat, der eine Rolle spielte, also ein unermesslicher Verlust. Ich erinnere mich an meine Adresse in Kalifornien, 5442 Bianca Way, genau wie ich mich an meine Adresse in Texas erinnere, 13505 Broadmeade Avenue, und an meine Telefonnummer in Kalifornien, 455–1984, genau wie ich mich an meine Telefonnummer in Texas erinnere, 258–9968, aber ich erinnere mich nicht mehr an die Adresse des Hauses, in dem ich vor vier Jahren wohnte, und ich erinnere mich nicht mehr an die Adresse des Hauses, in dem ich in den drei

Jahren davor wohnte, oder an die Adresse irgendeines Hauses oder einer Wohnung, in dem oder in der ich nach dem letzten Haus gewohnt habe, in dem ich mit meiner Großmutter gewohnt habe. Immer wenn ich versuche, mir die Adressen der Häuser und Wohnungen vorzustellen, in denen ich gewohnt habe, bevor mich meine Großeltern entführten, kann ich mich an nichts erinnern, natürlich kann ich mich an nichts erinnern, ich war drei bei meiner Entführung, aber statt einer Leerstelle, wo die Adressen oder auch nur ein verschwommenes Bild von einem Haus sein sollten, erscheinen bei mir im Geiste viele Bilder von Häusern und verschwinden wieder, ein Haus nach dem anderen, vielleicht zehn Häuser in einer Endlosschleife, in der sich jedes Mal die Reihenfolge ändert. Kein Haus aus der Zeit vor meiner Entführung, zu dem ich zurückkehren kann, doch der menschliche Geist will ein Haus.

Die Fahrt von Round Rock nach Livermore war unmöglich. Ich erinnere mich, dass sie in einem blauen Transporter stattfand, dasselbe Blau wie der rostige Ford F-150 meines Großvaters, doch der Transporter, an den ich mich erinnere, war glitzernd blaumetallic, und der Pickup meines Großvaters war himmelblau und rostfarben mit einem ziegelroten Fleck auf der rechten Seite der Pritsche, und ich glaube, mein Großvater hat ihn sich Monate oder ein Jahr nach unserem Umzug nach Livermore gekauft, also muss der Transporter ein eigenes Blau gehabt haben, keine private Assoziation, als wir die unmögliche Fahrt darin unternahmen. Die Fahrt war unmöglich, weil ich weiß, dass wir die Fahrt nicht in einem Transporter machten, meine Großeltern und ich saßen nie auch nur ein einziges Mal zusammen in einem Transporter, nicht in so einem Transporter, wie er mir vorschwebt, dem Chevy Transporter, der in den 80ern allgegenwärtig zu sein schien und heute meist mit einem Airbrush-Drachen auf der Seite in Filmen zu sehen ist, die in den 80ern spielen, nie. Aber ich kann mir die Fahrt nicht vorstellen, ohne mir vorzustellen, wie wir in einem Transporter sitzen, einer am Steuer, mein Großvater oder meine Großmutter, aber die meiste Zeit wahrscheinlich mein Großvater – ich stelle mir vor, dass meistens mein Großvater am Steuer saß, weil er ein Mann war, der es bestimmt für seine Pflicht und sein Anrecht als Mann hielt, die meiste Zeit am Steuer zu sitzen, also konstruiere ich mir eine Erinnerung um den Mann herum, der mich großzog. Der Mann, der mehr als jeder andere Mann dazu beitrug, dass ich der Mensch wurde, der ich heute bin, also konstruiere ich mir eine Erinnerung aus dem Wissen um die Art von Mensch, die er war, eine unwichtige Erinnerung, aber wer bin ich, wenn meine Erinnerungen an den Mann, der mich geschaffen hat, oft nur Mutmaßungen sind? Ich bin eine Endlosschleife wie die zigarettenbrandförmige Narbe auf der Rückseite meiner rechten Hand – und ein Freund von mir sitzt mit uns in dem Transporter, meine Großeltern haben wohl die Hoffnung, dass mir der Umzug leichter fallen wird, wenn ein Kind, das ich kenne, mitkommt und ein paar Tage bei uns bleibt, ich kann mich jetzt nicht mehr erinnern, wer es war, aber ich will, dass es mein bester Freund war, aber ich glaube, es war tatsächlich der jüngste Sohn von Freunden, mit denen meine Großeltern während unserer Zeit in Texas am häufigsten verkehrten, der jüngste der drei Brüder, mit denen ich nach der Überschwemmung in der Scheiße spielte, ich glaube, seine Familie half uns beim Kistenpacken.

Und außerdem erinnere ich mich nicht an die Fahrt selbst. Ich erinnere mich an den Jungen, den jüngsten der Brüder, mit denen ich in der Scheiße spielte, John, der jünger war als Michael, der jünger war als David, ich erinnere mich, wie John und ich uns gegenübersaßen, dicht nebeneinander, glücklich, wobei John und ich in Austin nie gut befreundet waren, wobei wir ungefähr in einem Alter waren, aber ich war fasziniert von Michael, der lauter Boy-George-Poster an den Wänden hatte und dessen Stottern ich nachahmte, als ich acht war. Ich erinnere mich, dass John und ich dicht nebeneinander saßen und aufgeregt waren, da wir gerade erfahren hatten, dass wir auf dem Weg nach Livermore in San Francisco haltmachen würden, wobei ich gerade auf einer Landkarte nachsehe und erkenne, dass wir eher um Livermore hätten herumfahren müssen, um nach San Francisco zu kommen, und vielleicht spürte ich die Aufregung, an die ich mich erinnere, unmittelbar nachdem mir meine Großeltern erzählt hatten, dass wir nach San Francisco fahren würden, nachdem wir an unserem neuen Haus in Livermore vorbeigeschaut hätten.

Ich bin sicher, ich habe mal einen Film gesehen, in dem einer der Figuren behauptet, es wäre ein Segen, wenn man sich nur an die glücklichen Momente in seinem Leben erinnern könnte, und ich war glücklich beim Gedanken an San Francisco, dort mit John im Transporter, aber hatte ich, als ich glücklich war, schon mein Zuhause gesehen? Ist es möglich, sich nur an die glücklichen Momente zu erinnern, ohne sich an das Leben drumherum erinnern zu können?

Die Fahrt war unmöglich. Und es ist heute unmöglich, die letzten paar Meilen der Fahrt zu rekonstruieren, Livermore Valley aus dem Gedächtnis zu beschreiben, zu schildern, wie der erste Anblick für mich war. Wir waren in eine bergige Gegend gekommen, und es war mir nicht aufgefallen. Ich hatte keine Ahnung, in welcher Höhe wir uns befanden, bis die Welt zur Rechten des Transporters wegfiel und wir auf einer schmalen Serpentinenstraße am Rand eines Abhangs fuhren, und das Tal kam mir vor wie eine Landschaft beim Blick aus dem Fenster eines Flugzeugs. Mein Großvater fuhr, als wäre er schon hundertmal an diesem Abhang entlanggefahren, und vielleicht war er die Straße ein paarmal schon gefahren, vielleicht hatte er Livermore besucht, bevor er beschloss, dass wir hinziehen würden, und ich weiß nicht, wann er anfing, Sexarbeiterinnen anzuheuern, aber vielleicht hatte er schon mit einer von ihnen in Livermore Sex gehabt, und während wir zusammen zum ersten Mal auf Livermore Valley zufuhren, nahm mein Großvater zu schnell die Kurven. Er wirkte fast schadenfroh, und ich merkte ihm an, dass er mir Angst machen wollte, ich merkte ihm an, dass er den Punkt bereits überschritten hatte, hinter dem selbst gute Menschen nicht mehr aufhören können, das Schlimme zu tun, was anfangs nur als Spaß gemeint war. »Fahr nicht so schnell«, sagte meine Großmutter fast beiläufig. »Fahr nicht so schnell«, wiederholte sie, diesmal verärgert, und beim Sprechen trat sie mit dem rechten Fuß gegen den Boden, als trete sie ein Bremspedal, und presste sich in ihren Sitz. »Fahr nicht so schnell«, rief sie, trat noch immer gegen den Boden und presste sich in ihren Sitz, und ihr Körper bildete fast eine waagerechte Linie. Sie sah aus, als hätte sie einen Krampfanfall, und mit der linken Hand packte sie die linke Seite ihres Sitzpolsters und mit der rechten packte sie den Griff der Tür, nicht den silberfarbenen Öffner, wobei ich kurzzeitig dachte, der Gedanke schien wie aus dem Nichts aufzutauchen, kurzzeitig dachte, sie werde die Tür aufreißen und sich aus dem Auto werfen, aber sie packte den blauen Griff, mit dem man die Autotür zuzog. Die Ehe mit meinem Großvater war ihre fünfte Ehe. Ihre Fingerknöchel leuchteten weiß durch ihre Haut hindurch, während sie den Griff packte, mit dem man die Tür zuzog.

Die Fahrt von Round Rock nach Livermore war unmöglich, die Schönheit von Livermore Valley von der Straße am Rand des Abhangs am Rand des Tals unmöglich bewusst wahrzunehmen, die Schönheit unmöglich zu sehen, obwohl sich das Tal auf einmal öffnete wie eine Blüte in einem schneller gedrehten Film, und der Transporter donnerte um die Kurve und da lag das Tal, dessen Schönheit sich mir im Augenblick der Sichtbarwerdung nicht erschloss, denn alles, was ich sehen konnte, war, wie tief wir fallen müssten, um dort zu landen. Mitten im sechsten Schuljahr kamen wir an, ich war mitten im sechsten Schuljahr, wenn auch meines Wissens nicht gebunden an irgendeine Schule. Die Mittelschule in Livermore hatte ich noch nicht gesehen, die East Avenue Middle School, also habe ich keine Sinneseindrücke an sie in Erinnerung, also hatte sie keinen vorstellbaren Rahmen, also war ich nicht gebunden an irgendeine Schule, und obwohl wir mitten im sechsten Schuljahr ankamen, vielleicht während der Winterpause, kamen wir in der Sonne an, in der Wärme. Wie es mit den meisten Tälern der Fall ist, sah Livermore Valley weniger eindrucksvoll aus, je näher man ihm kam, die Schönheit, die ich aus der Höhe nicht wahrnehmen konnte, erwies sich in der Talsohle als illusorisch, wobei sie sich vielleicht wieder eingestellt hätte, wenn ich wieder hinaufgefahren wäre und mich an den Abhang gestellt und nach unten geschaut hätte, ein nur von oben sichtbarer Heiligenschein, ein umgedrehter Heiligenschein. Wir erreichten das Haus in der Bianca Way, nachdem mein Großvater runtergekommen war von der beinah-mörderischen beinah-Schadenfreude, die ihn gepackt hatte, nachdem das weiße Licht aus den Knöcheln meiner Großmutter verblichen und verschwunden war, während John vielleicht nie mit uns im

Auto gesessen hatte, während ich, noch immer verstört von meiner Höhenangst, selbst da schon erkannte, dass ich wieder hinauf – müsste, um das Tal zu verlassen, und hinuntermüsste, um ins Tal zurückzukehren. Wir hielten vor einem Haus jenseits der Todesangst.

Wir hielten vor unserem neuen Haus, doch ich erinnere mich nicht an unsere Ankunft. Wir kamen im Winter an, doch ich erinnere mich nicht an Winter, und die nächsten dreieinhalb Jahre war kein Winter, bis auf ein paar graue, kalte, regnerische Herbstwochen am Ende der paar Monate, die ich bei meiner Mutter in Oregon verbrachte, kalifornischer Winter. Zwei Wochen oder eine Woche oder ein paar Tage nach unserer Ankunft fing an der East Avenue Middle School das Frühlingssemester meines sechsten Schuljahrs an. Ich erinnere mich an meinen ersten Tag an der East Avenue – ich habe die Erinnerung jahrelang mit mir herumgetragen, wenn auch ohne sie näher zu untersuchen. Ich sehe mich in einem braun-blau-weißen Karohemd, das ich in meinen Zwanzigern besaß, über einem T-Shirt, wahrscheinlich weiß, und Jeans. Und ich sitze in der ersten Reihe in einem Klassenzimmer und beantworte Fragen, die mir die anderen Schüler zu meiner Person stellen. Und ich erinnere mich sogar an eine bestimmte Frage: »Woher kommst du?« Und ich erinnere mich an meine Antwort: »San Francisco.«

Jahrelang habe ich diese Erinnerung mit mir herumgetragen, jahrelang habe ich sie in meinem Kopf abgespielt wie eine Filmsequenz, und jahrelang war der Film fast unmittelbar nach meiner unsinnigen Antwort vorbei. Als ich »San Francisco« sagte, durchfuhr die Klasse ein Geräusch, halb Kichern, halb Schwärmen, und mir war nicht klar, warum, bis mir jemand entweder spöttisch oder aus Freundlichkeit mitteilte, dass San Francisco eine Stadt mit einer hohen Dichte schwuler Männer sei. Doch dieser endgültige Moment schwebt am Rande meiner Erinnerung in einem grauen und ansonsten gesichtslosen Raum, und ich kann mir nicht sicher sein, ob es Augenblicke oder Stunden geschah, nachdem ich sagte, ich sei aus San Francisco. Erst als ich anfing, die Erinnerung aufzuschreiben, war ich endlich in der Lage, mir einen Reim aus meiner Antwort zu machen: Die Erinnerung ist eine Erinnerung an meinen ersten Tag in der neunten Klasse an der Five Oakes Middle School in Beaverton, Oregon, meiner dritten Schule in diesem einen Schuljahr, und keine Erinnerung an meinen ersten Tag in der sechsten Klasse an der East Avenue, meiner zweiten Schule in diesem Schuljahr. An meinen ersten Schultag an der East Avenue habe ich gar keine Erinnerung.

Die erste klare Erinnerung, die ich aus meiner Zeit in Livermore habe, ist meine Todesangst am Berghang auf dem Weg in die Stadt, dennoch widerstrebt es mir, eine Erinnerung der Todesangst, so ausgeprägt sie auch sein mag, als *klare* Erinnerung zu entwerfen. Die Todesangst löscht das periphere Augenmerk aus, das Augenmerk für Details, die mit der Quelle der Todesangst nicht in Zusammenhang stehen, die mit der Nachwirkung des Todesangsterlebnisses nicht in Zusammenhang stehen, also kann es schwierig sein, eine Todesangsterinnerung mit Details auszupolstern, um die Erinnerung zu domestizieren und mit den anderen Erinnerungen, die man hat, zu integrieren, oder ihr auch nur einen Platz zuzuweisen neben den anderen Erinnerungen als etwas mit den anderen Erinnerungen Vergleichbares, eine Teilmenge. Ein Todesangsterlebnis ist etwas grundlegend anderes als andere Erlebnisse, und das, was das Todesangsterlebnis bemerkenswert genug macht, um erinnert zu werden, gibt ihm zugleich den Anschein, als gehörte es nicht in die Erinnerung; ein erinnertes Todesangsterlebnis ist ein transplantiertes Organ, das der Körper andauernd versucht abzustoßen oder tatsächlich abstößt, manchmal stößt es der Körper tatsächlich ab, und es bleibt ein Loch an der Stelle, wo die Erinnerung an das Ursprungserlebnis war oder hätte sein können, ein Raum scheint ausgehöhlt worden zu sein für die Erinnerung, selbst wenn die Erinnerung nie einen Raum im Kopf einnimmt, und das Loch, wo die Erinnerung war oder hätte sein können, wird selbst zum Todesangsterlebnis, nur langsamer als das Ursprungserlebnis und langwieriger als das Ursprungserlebnis, grenzenlos, unendlich, aber man kann sein Augenmerk davon abwenden. Es fällt mir nur auf, wenn ich hinschaue, Todesangst als Hintergrundrauschen aus undifferenzierten Stimmen in einer großen Menschenmenge, den tausendfachen Gesprächen in einem Stadion, Todesangst als die Unfähigkeit, eine Stimme zu isolieren und zu verstehen, dass man ein Stadion sein kann, in dem die Erinnerungen sprechen, aber weder mit einem selbst noch miteinander, und unbegreiflicherweise so, dass die Geräuschkulisse der eigenen Erinnerungen in gewisser Weise die Stille ist, aber eine Stille mit verschiedenen Schattierungen. Die erste tatsächlich klare Erinnerung, die ich aus meiner Zeit in Livermore habe, ist mein erster Tag in der siebten Klasse, acht oder neun Monate nach meiner Ankunft in Livermore, an eine Schulversammlung an diesem ersten Tag, bei dem der Direktor oder der stellvertretende Direktor, eine Zeit lang hatte er ein Instrument gespielt, in einer Band, von der ich noch nie gehört hatte, die aber kurzzeitig einen wesentlichen Beitrag zur Popkultur leistete und vielleicht sogar auf dem Soundtrack zu *Weird Science* war, einem Film, der mir in jüngeren Jahren wichtig war wegen des sentimentalen Sieges der Nerds, der Stars dieses Films, am Ende des Films, aber nichtsdestotrotz ein Film, den ich mir heute bestimmt nicht mehr ansehen könnte, ein Film, den ich mir heute nicht mehr ansehen wollte, ein fast schon lachhaft sexistischer Film, doch schon als kleines Kind durfte ich unbeaufsichtigt HBO und Cinemax gucken, wurde sogar darin bestärkt, was sollte ich mir nach Ansicht meines Großvaters ansehen, das meine Großmutter zumindest hätte kümmern sollen, aber nicht gekümmert hatte? Der Direktor oder stellvertretende Direktor, ich kann beim besten Willen auf der Webseite der East Avenue Middle School nichts über ihn finden, hielt eine Rede, bei der es gegen Ende um ein Szenario ging, in dem seine Zuhörer, die Schüler, sich vorstellen sollten: Ihr habt gerade Schiffbruch erlitten, mitten auf dem Ozean, kein Land in Sicht, und in dem Moment, als euch aufgeht, dass eure Situation aussichtslos ist, taucht vor euch eine Flosse auf, die ihr zuerst für eine Haifischflosse haltet, und die Flosse bewegt sich auf euch zu. Eure Verzweiflung verwandelt sich in Todesangst. Doch ein paar lange Sekunden später geht euch auf, dass die Flosse keine Haifischflosse ist, sondern die Flosse eines Delfins! Ihr packt die Delfinflosse, und der Delfin bringt euch in Sicherheit.

Das Maskottchen der East Avenue Middle School war ein Delfin. Und der Direktor oder stellvertretende Direktor forderte uns auf, die East Avenue Middle School, vielleicht Schule überhaupt, vielleicht die Lehrer und Mitarbeiter der Schule, vielleicht die Lehrer, Mitarbeiter und Schüler, alle zusammen, als einen Delfin zu betrachten, der uns in Sicherheit bringen würde, sollten wir jemals in Schwierigkeiten geraten. Ich stelle mir vor, dass er die Rede mit einem Satz nach dem Motto »denn Delfine passen aufeinander auf« schloss, doch tatsächlich erinnere ich mich nicht mehr an das, was er am Ende der Rede sagte. Das Einzige, was ich noch vom Ende der Rede in Erinnerung habe, ist, dass ich dachte, das Szenario mit dem Schiffsunglück ist unverfroren lächerlich, das Ende der Rede in meiner Erinnerung ist nicht das De-facto-Schlusswort, sondern vielmehr das Gefühl, das mich beim rhetorischen Höhepunkts der Rede überkam, nämlich, dass ich beleidigt, ja geradezu angewidert war, doch das Ende der Rede in meiner Erinnerung ist auch der zerknirschte, schweifende Gedanke, dass ich tatsächlich größere Chancen als jeder andere hatte, von einem Delfin gerettet zu werden.

Die Hügel rings um Livermore, waren es Hügel oder waren es Berge? vom Haus aus sahen sie nach Hügeln aus, ihre Hänge waren sanft genug, dass die Kühe, die ich oft an ihren Hängen sah, vollkommen senkrecht wirkten, und über die Jahre in Livermore wurde es zum Lieblingsscherz meines Großvaters – wobei es eigentlich kein Scherz war, nur eine Bemerkung, die er gern machte, wenn jemand in seinem Auto saß, da wir die Kühe von unserem Haus aus nicht sehen konnten, auch nicht von unserer Straße aus, sondern nur von unserem Auto aus, meilenweit entfernt von zu Hause, und mit dieser Bemerkung wollte er uns zum Schmunzeln bringen, vielleicht sogar zum Lachen – dabei war es eigentlich gar kein Scherz, aber jedes Mal, wenn wir an einer Kuh auf einem Hang vorbeikamen, sagte mein Großvater, die Kuh könne nur deshalb aufrecht stehen, weil ihre Beine auf der einen Seite kürzer seien als die Beine auf der anderen Seite ihres Körpers, und obwohl ich wusste, dass er einen Spaß machte, konnte ich nicht verstehen, wie die Kühe gerade stehen konnten, und jetzt werde ich seine Erklärung nicht los. Sie ist zu einem Zerrspiegel geworden, durch den ich ihre Möglichkeit, ihre Absurdität betrachte, und ich kann den Gedanke nicht als ganz und gar absurd abtun, nur als teilweise absurd, provisorisch absurd; doch die fernsten Hügel müssen Berge gewesen sein, ich hatte mich an ihren hohen Felswänden entlangfahren lassen. Auf den Hügeln rings um Livermore, die unserem Haus am nächsten waren, standen lauter weiße Windräder wie Hunderte von weißen Grabsteinen mit rotierenden Kreuzen. Doch die Hügel rings um Livermore, die weiter entfernt waren von unserem Haus, nicht die allerfernsten Hügel, sondern die Hügel hinter den Gebäuden auf der East Avenue, waren grün von Weingärten, ich sah sie am häufigsten morgens auf dem Weg zur Schule, die Hügel waren grün von Weingärten und goldenem Licht, das von den Traubenblättern glitt, und jedes einzelne Blatt war irgendwie aus weiter Ferne zu sehen. Die Erde und das Gestrüpp unter den Windrädern auf den Hügeln, die unserem Haus am nächsten waren, wirkten ebenfalls wie aus Gold, doch es war ein statisches Gold, ein totes Gold, über dem die Kreuze kreisten.

Livermore war eine flache Stadt mit Hügeln. Livermore war eine Kleinstadt, keine Großstadt, mit etwa 50.000 Einwohnern, zu meiner Zeit, sie schien mir beschämend klein, obwohl ich davor in einer viel kleineren Stadt gewohnt hatte, mit einer Einwohnerzahl von

12.740 (im Jahr 1980) und 30.923 (im Jahr 1990), als ich 1986 wegzog – für das Jahr 1986 habe ich keine Daten gefunden. In meiner Selbstwahrnehmung hatte ich immer *so gut wie* in Austin gewohnt, ich hatte am Stadtrand von Round Rock gewohnt, nahe dem Stadtrand von Austin und zu weit weg vom Zentrum sowohl der einen als auch der anderen Stadt, um wirklich von dort aus einen Begriff von der Größe der Stadt zu haben, wobei ich mich von Zeit zu Zeit daran vorbeifahren ließ, manchmal sogar bis in die Austiner Innenstadt, und ich wusste, dass sie groß war und voller Hochhäuser. Die Innenstadt von Livermore war nicht voller Hochhäuser und schien mir beschämend klein, wobei ich nicht sagen kann, angesichts wessen Missbilligung ich diese Scham empfand, wahrscheinlich der Missbilligung meiner eigenen Selbstwahrnehmung. Damals war derjenige, der ich sein zu sollen glaubte, fast ausschließlich Ausdruck dessen, wo ich sein zu sollen glaubte. Aber ist das nicht ein großer Teil dessen, was es heißt, ein entführtes Kind zu sein, ein Ausdruck dessen zu sein, wo man ist, und mit wem zusammen man dort ist?

Meine erste klare Erinnerung an meine Zeit in Livermore ist meine Erinnerung an die Rede des Direktors oder stellvertretenden Direktors – wer immer es war, der neben mir auf der Tribüne saß, flüsterte mir zu, der Direktor oder stellvertretende Direktor habe eine Zeitlang ein Instrument gespielt, wenn auch nur vorübergehend, in einer real existierenden Band mitsamt Musikvideos auf MTV und allem, vielleicht Saxofon –, aber vor dem ersten Tag in der siebten Klasse und dieser Rede erinnere ich mich, wenn auch nur vage, dass ich mit dem BMX-Rad nach Hause fuhr, von einem kleinen Einkaufszentrum aus mit einem mittelgroßen Supermarkt und zwei oder drei, vielleicht auch vier oder fünf kleinen Satellitenläden, denn außer an die zwei oder drei Satellitenläden erinnere ich mich auch an ein Round Table Pizza, wo ich zum ersten Mal *Double Dragon* spielte, allenfalls ahnend, dass das Spiel ein kulturelles Phänomen war, und das Round Table Pizza befand sich neben einem Laden, in dem ich nie war, und beide nahmen unabhängig von den zwei oder drei kleineren Satellitenläden einen Platz auf dem Parkplatz ein. Irgendwann sollte ich einen kürzeren, verschlungeneren Heimweg durch Gegenden entdecken, die mir heute fast komplett entfallen sind, außer, dass ich mich an ein Haus unweit des Einkaufszentrums mit der Hausnummer 666 erinnere. Das Haus war hellbraun mit braunen Akzenten, die Jalousien waren immer heruntergelassen und ich habe nicht ein einziges Mal ein Auto in der Auffahrt gesehen, auch sonst kein Lebenszeichen im Haus oder um das Haus herum. Doch der Rasen war immer gemäht, wobei ich mir in meiner Erinnerung ein Grün vorstelle, das farbentleert und hellbraun gefleckt ist. An dem Haus bin ich immer schnell vorbei. Doch an dem Tag, der mir in Erinnerung ist, sollte ich erst noch von seiner Existenz erfahren.

An dem Tag, an den ich mich erinnere, hatte ich mich gerade mit dem Fahrrad auf den langen Heimweg gemacht, die East Avenue hinunter, vom Big T aus, dem Supermarkt, in Bezug auf den die Satellitenläden in ihren Umlaufbahnen fixiert waren. Auch wenn ich überhaupt nicht sicher bin, ob ich die Topografie korrekt wiedergebe, befand sich unweit des Big T, in meiner Erinnerung direkt angrenzend, eine BMX-Bahn, die mir zuvor nicht aufgefallen war. Ich hatte noch nie eine BMX-Bahn in echt gesehen, nur im Fernsehen, und erst mal konnte ich den Anblick gar nicht einordnen, so herrlich erschien mir die Bahn. Als ich versuchte zu verstehen, was ich da vor mir hatte, ging mir allmählich auf, dass ich sie, obwohl die Bahn für jeden zugänglich war – sie war weder eingezäunt noch in Gebrauch –, gar nicht richtig nutzen konnte, weil ich das Fahrradfahren nicht beherrschte, außer auf die elementarste Art. Ich konnte den Bunny Hop, kam aber nicht mehr als ein paar Zentimeter vom Boden hoch; ich hatte Pegs an der Hinterachse meines Fahrrads, konnte aber damit nichts anfangen – ich hatte sie nur, weil ich andere Jugendliche mit Pegs an ihren Rädern gesehen hatte. Dennoch, ich musste die Bahn ausprobieren.

Mein Rad hatte Pegs an der Hinterachse, und vielleicht auch an der Vorderachse, ich bin nicht sicher, aber ich weiß, dass ich mich mindestens ein- oder zweimal beim Fahren auf die hinteren Pegs stellte, das war das volle Ausmaß des Tricks, kein Wheelie, wobei ein Wheelie einleuchtend gewesen wäre, und irgendwann, nach dem Vorbild von Derek, meinem ersten Freund in Livermore, der zwei Häuser weiter wohnte und eine Zeit lang nur deshalb, weil er fast nebenan wohnte, mein bester Freund war, obwohl wir zwei verschiedenen Gruppen angehörten – er war Stoner, ein Titel, der sich nicht auf Drogenkonsum bezog (oder, sofern er sich *doch* auf Drogenkonsum bezog, zu besagen schien, dass solche Kinder wahrscheinlich irgendwann Drogen nehmen würden – ja sogar heute vielleicht noch Drogen nehmen würden, wenn sie die Chance hätten, aber im Moment ging es nicht um Drogen, und jeder künftige Drogenkonsum bedeutete einfach nur die Zinsen für ihre aktuell geliehene Fürchterlichkeit), sondern hauptsächlich auf einen Hang zu Hair Metal, Jeansjacken und hohen Reeboks, und ich war ein Nichts, Mitglied einer Nicht-Gruppe –, irgendwann wurden meine Wheelies auf dem chromfarbenen Diamondback-Mountainbike, das meine Großmutter mir an dem Tag, als ich mein BMX-Rad auf der Bahn ausprobierte, noch nicht gekauft hatte, gut genug, dass ich über einen langen Vorstadtblock hinweg einen Wheelie halten konnte, wie seltsam es ist, jetzt, wo ich drüber nachdenke, die Kontrolle über einen so lange gehaltenen Wheelie zu verlieren, ist der Wheelie nach ein paar Metern, vielleicht sechs, dann nicht stabil? Haben Fahrer und Fahrrad nicht ihr Gleichgewicht gefunden? Wie kann es neben etwas freudiger, kindlicher Angeberei ein unentwegter Kampf sein? Ich bin nicht sicher, ob ich an der Vorderachse Pegs hatte, aber was ich weiß, ist, dass ich große weiße Plastikscheiben an den Rädern hatte, eine an jeder Seite beider Räder über den Speichen. Die Scheiben sollten mein Fahrrad aerodynamischer machen; sie machten es aber nur schwerer. Ich fand, sie sahen cool aus. Und erst als ich hörte, wie sich unter Klappern mindestens eine Scheibe losmachte, während ich meinen ersten mickrigen Sprung auf der BMX-Bahn landete – ich hatte mir vorgestellt, die Dirtrampe würde mich ohne Eigenanstrengung in den Himmel katapultieren, teils weil ich beim Anfahren auf die Rampe dank meiner aerodynamischen Räder so schnell wäre –, ging mir auf, wie durch und durch sinnlos diese Scheiben waren, die schönen weißen Scheiben, die mich bei jedem Jump beschwerten, die mich an der Curved Wall aus dem Gleichgewicht warfen, wo ich jetzt so hart wie möglich in die Pedale trat, weil ich unbedingt an der zweiten größeren Rampe vor mir vom Boden abheben wollte.

Livermore war eine flache Stadt mit Hügeln. Livermore war eine Stadt, in der man sich vorstellte, von dem rampenähnlichen Hügel, den man in der Ferne sah, in den Himmel geschossen zu werden, nur um festzustellen, dass man seine ganze Kraft aufwenden musste, um es gerade soeben bis hinauf zu schaffen, und dann war es eine Erleichterung, sich auf der anderen Seite wieder hinunterrollen zu lassen, es war eine Erleichterung, sich hinunterziehen zu lassen, es war eine Erleichterung, kurzzeitig das Gefühl zu haben, nachdem man schon so hart an seinem Scheitern gearbeitet hatte, sich nicht immer wieder abplagen zu müssen, um immer wieder zu scheitern. Keuchend schaffte ich es hinauf auf die zweite, höhere Rampe, schleppte mein klapperndes, schweres Rad, obwohl ich noch auf ihm saß, obwohl ich noch in die Pedale trat, weit genug weg von zu Hause, um zu erkennen, dass der Heimweg auf meinem klappernden, schweren Fahrrad eine Qual werden würde, das Gefühl, dass der Hügel bis ganz auf den Grund führt, ist illusionär, wie alt muss man sein, um das zu wissen? irgendwann muss man sich wieder anstrengen, um wieder zu scheitern. Aber ist das nicht ein Großteil dessen, was es heißt, ein entführtes Kind zu sein, dass man irgendwann anfangen muss, sich zu verstecken, um unauffindbar zu bleiben?

Derek wohnte zwei Häuser weiter, zwei oder drei Häuser. Möglich, dass ich Derek am Tag meiner Ankunft in Livermore kennenlernte. Als der Direktor oder stellvertretende Direktor acht oder neun Monate nach meiner Ankunft in Livermore die Rede hielt, bei der mir aufging, dass ich mich mit mehr Zuversicht auf die Gunst wilder Tiere verlassen konnte als auf die Gunst irgendwelcher mir bekannten Menschen, waren Derek und ich Freunde, schon Freunde gewesen und vielleicht schon fast keine Freunde mehr. Ich erinnere mich nicht, dass er und ich in der Schule jemals Umgang hatten, wobei ich mich sehr wohl an ein Bewusstsein erinnere, dass er und ich in der Schule gar keinen Umgang haben *konnten*, weil er ein Stoner war und ich ein Nichts.

Derek und ich bauten grundlos eine Verbindung zueinander auf. Unsere Nähe, getrennt zu sein durch ein oder zwei Häuser, schuf eine Verbindung. Derek hatte Interessen: Er hörte Musik, hauptsächlich Metal, hauptsächlich Power Metal, wobei er ein Poster von Run-D.M.C. und den Beastie Boys an der Wand hatte, zusammen posierend. Ich erinnere mich, dass ich geschockt war, die schwarzen und weißen Männer zusammen zu sehen, das Gefühl zu haben, dass die schwarzen Männer die Musik der weißen Männer guthießen – da ich nichts über Hip-Hop oder Musik im Allgemeinen wusste, aber immerhin wusste, wer Run-D.M.C. und die Beastie Boys waren, es war 1987, hatte ich angenommen, Run-D.M.C. würden die Beastie Boys hassen, Run-D.M.C. würden denken, die Beastie Boys hätten von ihnen abgekupfert, und vielleicht existierte das Poster, um derlei Vermutungen auszuräumen. Er hob gern Gewichte, er hatte muskulöse Arme, zumal für ein Kind, und ein paar Hanteln lagen an der Wand neben seinem Bett; und er trug einen Vokuhila, was 1987 unter Interesse lief. Er hatte ungefähr meine Größe, war aber muskulös und ein Stück größer, seine beide vorderen Schneidezähne standen ab, ähnlich wie meine, aber seine etwas mehr, wobei er ansonsten aussah wie Brad Pitt, wobei Brad Pitt in der Populärkultur noch keine Rolle spielte, als Derek und ich befreundet waren, und erst Jahre später ging mir die Ähnlichkeit auf, seine Haare waren blond und seine Haut war schneeweiß, er hatte die Art weiße Haut, die absichtlich blass wirkt, als würde sein Besitzer die Sonne meiden, um so weiß zu bleiben, wobei Derek genauso viel draußen war wie ich, vielleicht sogar noch mehr. Ich hatte keine Interessen, außer, dass ich mich nicht allein fühlen wollte.

Da wir uns in der Schule nicht begegneten, da wir in der Schule nicht miteinander reden durften, müssen Derek und ich uns in unserer Straße kennengelernt haben. Unsere Gegend in Round Rock war mir groß vorgekommen, fast unbegreiflich groß, als ich dort wohnte, wobei ich irgendwann alt genug war, und stark genug, um mit dem Fahrrad von einem Ende der Gegend zum anderen zu fahren – bestimmt werde ich mir meine Fähigkeit dazu als Ausdruck von Kraft gedacht haben, ich war noch ein Junge und hatte wenig, fast gar keine Freunde, eher denn als Privileg aufgrund meines Alters. Meine Großeltern jedenfalls werden nicht gewusst haben, dass ich bis in den hintersten Winkel unserer Nachbarschaft gefahren war, wozu hätte ich es ihnen erzählen sollen? und ich fing gerade an, mich für Mädchen zu interessieren und hatte mir die meisten meiner Aktionen als Ausdruck eines attraktiven Ausmaßes an körperlicher Tüchtigkeit zurechtzulegen begonnen. Einmal, auf dem Rückweg aus dem hintersten Winkel unserer Gegend, fuhr ich freihändig auf meinem Fahrrad, ich hatte gerade gelernt, wie man freihändig fährt, ich fuhr vor einem Haus hin und her, in dem, wie ich wusste, ein Mädchen aus meiner Schule wohnte, hin und her, vielleicht vier- oder fünfmal, in der Hoffnung, sie würde mich sehen und meine körperliche Tüchtigkeit erkennen, wobei das Haus ihrer Eltern so weit von der Straße zurücklag, dass ich mich beim Hin- und Herfahren in seinen großen dunklen Fenstern nicht spiegeln konnte – doch die Gegend, in der ich in Livermore wohnte, war größer, diffuser, scheinbar eine Reihe zusammenhängender Gebiete, in denen die Häuser teils Jahre, vielleicht zehn Jahre neuer und weniger individualisiert waren als in anderen. Derek und ich wohnten im neuesten Teil des Neubaugebiets, wo die Häuser aussahen, als wären sie in aller Eile von einer riesigen Maschine hingepflanzt worden. Unsere Gärten endeten an einer etwa zwei Meter hohen, hellbraun verputzten Mauer, die sich entlang unserer Gegend zog, und hinter der Mauer lag eine lange und meist nicht stark befahrene Straße, wobei sie offenbar als Hauptverkehrsstraße konzipiert worden war, denn sie war auf eine Art gesichtslos oder annähernd gesichtslos, die suggerierte, dass sie von Leuten befahren werden sollte, die am liebsten schneller fahren würden, als sie fuhren, und hinter der Straße war Brachland, Gestrüpp und sonst gar nichts, trockene Erde, so lang wie die Mauer selbst, aber nur einen etwa halben Vorstadtblock breit, und hinter der Brache waren Bahngleise, hinter denen ein großes Industriegebiet lag, hauptsächlich Lagerhallen, aber domestizierte Lagerhallen, das nicht zur Nachbarschaft gehörte, aber fast den gleichen hellbraunen Anstrich hatte war wie die verputzte Mauer.

Derek und ich waren die einzigen Kinder in unserem Alter in unserer langen Straße, insofern die einzigen Kinder in unserer Straße, die die East Avenue Middle

School besuchten, wobei am anderen Ende der Straße, unsichtbar von unseren Häusern aus – unser Haus stand zwei oder drei Häuser hinter der Ecke, wo die Straße anfing, an der Ecke, die ich für den Anfang der Straße hielt, wobei die Straße natürlich irgendwo zu Ende war, und vielleicht dachten sich die Leute, die am Ende der Straße wohnten, das Ende als den Anfang und dachten sich mich, wobei sie bestimmt nicht an mich persönlich dachten, vielleicht dachten sie sich die Leute, die da wohnten, wo ich wohnte, als die Bewohner am Ende der Straße, immerhin wohnte ich im jüngst entwickelten Teil unserer Straße, und unter so vielen Umständen liegt das Neueste immer nah am Ende – am unsichtbaren hinteren Ende der Straße wohnte unser Lehrer für Werkunterricht, Mr Dennis, wobei die Straße so lang war, dass mir erst in der achten Klasse an Halloween klar wurde, dass er da wohnte. Insofern ist meine einzige Erinnerung an Mr Dennis außerhalb der Schule, wie er abends in der Tür seines Hauses steht, hinter ihm, jenseits des Lichtscheins der Verandalampe, das Innere des Hauses, das bis auf ein bläulich flackerndes Licht in einem Raum ein paar Meter links hinter ihm im Dunkeln liegt. An Mr Dennis' Ende machte die Straße einen rechtwinkligen Knick – kein Stoppschild, nur eine spitze Ecke –, insofern schien es sowohl möglich als auch unmöglich, dass die Straße hinter der Biegung anders hieß, wobei die Häuser hinter der Biegung älter waren, und hinter der Biegung fühlte die Gegend sich anders an. Bis auf zwei Reisen über die kalifornische

Grenze – vielleicht war es auch nur eine einzige, lange Reise –, verließen Derek und ich kein einziges Mal gemeinsam unser Ende der Straße.

Aber Derek hatte ein Skateboard. Fast hätte ich geschrieben: »Aber Derek fuhr Skateboard«, und er fuhr tatsächlich Skateboard, und vielleicht sogar so leidenschaftlich wie ich irgendwann mal Skateboard fahren würde – mit Sicherheit war er in den Jahren, oder waren es nur Monate, die er und ich zusammen Skateboard fuhren, immer der stärkere Skater von uns beiden –, doch in seinem Leben war noch mehr los als Skaten, und ich hatte nie den Eindruck, dass das Skaten sein Lebensinhalt war, dass es das war, für das alles andere in seinem Leben Platz machen musste. Und irgendwann hörte Derek mit dem Skaten auf, und diese Tatsache wurde zu dem einen unüberwindlichen Hindernis zwischen uns. Aber Derek hatte ein Skateboard, bevor ich ein Skateboard hatte, wobei ich mich nicht erinnern kann, was für ein Skateboard er hatte. Als ich Dereks Skateboard zum ersten Mal sah, war es, als hörte ich zum ersten Mal eine fremde Sprache – ich hatte keine Bezugspunkte für das, was ich sah, ich war mir einfach nur bewusst, dass es sich um ein Skateboard handelte; ich konnte die Grafik auf der Unterseite des Skateboards nicht mit irgendeinem Skateboardhersteller in Verbindung bringen und konnte daher von dem Bild keine Bedeutung ableiten, was mir irgendwelche Erkenntnisse gebracht hätte, ähnlich wie eine Fremdsprache, die du zum ersten Mal hörst, dir als Folge von Lauten erscheint, die du nur mühsam differenzieren kannst, wobei du dich nach Differenzierung verzehrst, wobei du vielleicht das Gefühl hast, zu differenzieren sei für dein Glück, dein Überleben gar unabdingbar. Wenn ich jetzt versuche, mir Dereks Board vorzustellen, sehe ich ein Vision-Board aus den Mittachtzigern, so eins mit dem Wort »VISION« schräg in der Mitte des Decks, und darüber ein neonfarbener Strudel aus Quadraten, keine Kreise, sondern Wirbel – in Neongrün. Aber, da ich heute die Skateboardgrafik-Sprache der Mittachtziger fließend beherrsche, halte ich es für unwahrscheinlich, dass Derek ausgerechnet dieses Board besaß, da von allen großen Skateboardherstellern die Firma Vision am wenigsten mit Metal assoziiert wurde. Aber vielleicht hatte er das Skateboard ja von jemandem geschenkt bekommen, der es satt hatte, oder er hatte es gebraucht gekauft? Ich erinnere mich, als ich Dereks Board zum ersten Mal sah – vielleicht wenige Monate, nachdem wir Freunde wurden, also vielleicht im Sommer 1987 –, bei ihm in der Garage, in der Garage seiner Mutter, nur Derek und seine Mutter wohnten in dem Haus, in ihrem Haus, die große Garagentür stand offen. Mir war nicht klar gewesen, dass Derek skaten konnte, und ich weiß nicht mehr, wodurch seine Vorführung ausgelöst wurde, aber dort in der Garage zeigte er mir das Brett, und er zeigte mir, dass er zwei volle 360-Drehungen hintereinander konnte, ein göttlicher Anblick, in meinen Augen, unmöglich, ein Wirbelwind in Gestalt eines Jungen, der mit ausgestreckten Armen von den Hinterrollen des

Boards abhob, und schlagartig erkannte ich, dass es für mein eigenes Glück, mein Überleben unabdingbar war, genau das zu lernen.

Später in dem Jahr, ich bin mir fast sicher, dass es später in dem Jahr geschah, an Weihnachten, schenkte mir jemand, wahrscheinlich meine Großmutter, ein rotes Variflex- Plastikskateboard, und bald darauf, am selben Morgen, war es überhaupt eine Stunde später? fiel ich beim Skaten zum ersten Mal wieder hin, seit ich sehr wahrscheinlich als kleines Kind von meinem Glasfaser-Skateboard in Round Rock gefallen war. Aber bin ich jemals in Round Rock beim Skaten hingefallen? Einerseits muss ich hingefallen sein – alle fallen hin, selbst die besten Skater, meist dann, wenn sie anfangen und noch lernen, und dann wieder, wenn sie Profis sind und besonders schwierige Tricks probieren. Da ich in Round Rock immer nur von Zeit zu Zeit geskatet bin, nicht mal einmal im Monat, war ich immer Anfänger. Andererseits, in meiner zweiten Saison in der Little League bekam ich beim Training einen Ball ins Auge, und diese eine Verletzung reichte mir, um für immer mit dem Baseballspielen aufzuhören, tatsächlich für immer bis heute, und ich habe das Aufhören keine Sekunde bereut, obwohl ich nach allgemeinem Konsens der zweitbeste Spieler in meiner Little-League-Mannschaft war – Wally war der beste Spieler, er war gebaut wie Babe Ruth im Kinderformat und schwang den Schläger wie Babe Ruth im Kinderformat – und wirklich gern spielte und den sichtlichen Stolz meines Großvaters auf meine Sportlichkeit genoss. Dass der Coach meiner Little-League-Mannschaft im selben Jahr, als ich aufhörte, die Little League World Series gewann, war eine Lüge, die möglicherweise auf dem Mist meines Großvaters gewachsen war, wobei die Lüge eher nach meiner Großmutter aussah, war es doch ihre Aufgabe, mich so lange bloßzustellen oder zu beschämen, bis ich mich wieder meiner Männlichkeit besann, meine Großmutter, die den Quarterback ihrer Highschool geheiratet hatte, den Kapitän des Basketballteams – sie trug die Fünfzigerjahre und ihre Archetypen überall mit sich hin, wie eine Wolke das Wetter in Gestalt einer Wolke mit sich trägt –, wogegen es die Aufgabe meines Großvaters war, meine Männlichkeit zu untermauern, und obwohl mich diese Lüge, die ich natürlich damals geglaubt habe, nicht dazu brachte, mein Aufhören zu bereuen, brachte sie mich sehr wohl dazu, mir zu wünschen, ich hätte die Little League World Series gewonnen, aber dennoch fing ich nicht wieder an zu spielen. Möglich, dass ich mit dem schmalen Glasfaserskateboard gestürzt war – wobei ich sicherlich nie einen einzigen Trick versucht habe, wobei ich mich an ein älteres Kind erinnere, das nebenan in dem Mietshaus wohnte und das ich ansonsten vergessen habe, das eine Quarterpipe besaß, die ich mindestens einmal ausprobiert habe, kniend auf meinem Board, so hatte man besseren Halt. Wobei, wenn man doch das Gleichgewicht verliert, fällt man paradoxerweise im Knien schneller hin als im Stehen –, möglich, dass ich von dem schmalen Board gefallen bin, das klein war, selbst als ich noch klein war, und dann irgendwie die innere Stärke entdeckt habe, nicht aufzugeben, sonst wäre ich vielleicht gefallen und hätte aufgegeben, ich hätte mich verletzen und dann den Anteil in mir, der das Skaten liebte, verschwinden lassen, ich hätte ihn zum Verschwinden gebracht, ich hätte vielleicht Jahre gewartet, um danach zu suchen.

Bis ich dreizehn war, schlief ich mit Licht, dem Hauptlicht in meinem Zimmer, dem Deckenlicht, manchmal in den Sachen, die ich an dem Tag angehabt hatte, manchmal sogar in meinen Schuhen. Den Großteil meiner Kindheit über hatte ich das Gefühl, darauf vorbereitet sein zu müssen, dass ich jeden Moment aus meinem Leben weggeholt werden könnte. Aber ich schlief nicht mit Licht, um aufs Weggeholtwerden oder auf Flucht vorbereitet zu sein, sondern weil ich Angst davor hatte, im Schlaf überfallen zu werden, in irgendeiner Form überfallen. Als kleines Kind sammelte ich Survivalmesser, Messer mit großen Klingen und hohlen zylindrischen Griffen, in die man Streichhölzer stopfte, eine Drahtsäge, die von einer Garrotte nicht zu unterscheiden war, nur, wie viele Kinder haben je eine Garrotte zu Gesicht bekommen, außer im Fernsehen oder im Kino – aber ich habe die in der Säge versteckte Garrotte sofort erkannt, mein erster Gedanke beim Entnehmen der Säge aus dem Messer war: »Bringt man damit Leute um?«, und ich malte mir ein Szenario aus, in dem ich aus dem Schatten eines Baums springe und einen feindlichen Soldaten erdrossele, einen sowjetischen Soldaten, er oder ich, wobei ich in diesem Szenario versteckt gewesen war, der Soldat hatte mich nicht gesehen, doch er hatte Jagd auf mich gemacht, einen Amerikaner – Streichhölzer und Sägedraht, dazu eine Angelschnur, ein paar Angelhaken und andere Survivalartikel, alles wasserdicht verpackt in einer Plastiktüte. Ich kaufte mir – meine Großmutter kaufte mir – ich entsinne mich nicht, dass mein Großvater mir als Kind jemals irgendetwas gekauft hätte – mehrere Survivalmesser, in der Hoffnung, seine diversen Inhalte zusammenzuführen, aber sie alle enthielten mehr oder weniger das Gleiche, und statt viel unterschiedliches Zubehör in eine ultimative Survivalausrüstung zu stecken, wählte ich die jeweils beste Version – die beste Garrotte zum Beispiel für den dicksten Hals –, und kombinierte sie im Griff meines Lieblingsmessers, ein Messer mit dunklem Camouflage-Griff mit einem sphärischen Kompass am Knauf, ein Kompass, den ich nicht lesen konnte, wobei ich den Verdacht hatte, dass er kaputt war, da Norden ständig woanders lag, wobei ich nicht wusste, wo Norden sein sollte. (Meine Großmutter lernte erst in ihren Sechzigern den Unterschied zwischen links und rechts, sie orientierte sich stattdessen an den Himmelrichtungen, die sie immer zu kennen schien, egal wo wir wohnten. Demnach konnte ich ihr nie erklären, wie man mit dem Auto irgendwohin kam, es sei denn, ich saß neben ihr und zeigte hin und rief: »Hier abbiegen!« und »Jetzt da abbiegen!« Und da sie meistens versuchte, mir vor dem Verlassen des Hauses den Weg zu beschreiben, konnte mir meine Großmutter nie erklären, wie man irgendwohin kommt, außer, indem sie etwas sagte wie: »Erst fährst du drei Blocks nach Norden, dann biegst du nach Osten ab«, und so weiter, was ich nicht verstand. Also konnte sie mir nie erklären, wie man irgendwohin kommt.)

Da ich Angst hatte, im Schlaf überfallen zu werden, in irgendeiner Form überfallen zu werden, von irgendwem, schlief ich mit Licht, bis ich dreizehn war. Aber ich erinnere mich, dass ich als kleines Kind, mit vier, fünf Jahren, in einem dunklen Zimmer ins Bett ging, und ich erinnere mich, dass ich von meiner Großmutter in einem dunklen Zimmer geweckt wurde – ich machte regelmäßig ins Bett, bis ich fünf war –, meine impressionistischste Erinnerung, eine Erinnerung, in der kein menschlicher Körper real erscheint, stattdessen wirken meine Großmutter und ich wie Ausschneidepuppen, und die andere Person in der Erinnerung, eine Frau, die an uns vorbeigeht, die hinter uns geht, scheint eine Ausschneidepuppe zu sein, doch die Regale, vor denen wir stehen, meine Großmutter und ich, sind echte, schmutzig weiße Metallregale voller Windeln, meine Großmutter kauft Windeln für mich, aber ich bin fünf Jahre alt, die Regale, obwohl sie echt sind, sehen aus, als stünden sie am Ende eines trübe beleuchteten Tunnels, und insofern müssen meine Großmutter und ich wohl in einem Tunnel stehen, aber das tun wir nicht, wir stehen in einem Gang in einem Laden, und wenn ich mich an die Frau erinnere, die hinter uns vorbeigeht, hellt der Raum, in dem wir stehen, auf und erstreckt sich weit nach links, aber wenn ich nicht an die Frau denke, die hinter uns vorbeigeht, verschwindet der Gang zu unserer Rechten, und verschwindet der Gang zu unserer Linken, und der Raum zu beiden Seiten verdunkelt sich, und wir stehen in einem trübe beleuchteten Tunnel, und meine Großmutter greift am Ende des Tunnels nach Windeln, für die ich zu alt bin. Ich erinnere mich, wie ich in einem dunklen Zimmer geweckt werde, und ich erinnere mich, wie mir meine Großmutter den Weg zeigt, in dem sie mit der linken Hand meinen rechten Bizeps packt, mich nicht führt, sondern eher ins angrenzende Badezimmer schiebt, und offenbar beklage ich mich oder stöhne, denn meine Großmutter sagt: »Wenn du nicht willst, dass ich dich wecke, dann hör auf, ins Bett zu machen.« Und obwohl ich sicher bin, dass es nicht so einfach gewesen sein kann, erinnere ich mich, dass ich nach dieser Nacht aufhörte, ins Bett zu machen, als hätte ich auf Erlaubnis gewartet. Was immer es war, das mich dazu bewegte, plötzlich mit Licht zu schlafen, muss später passiert sein.

Mit dreizehn, nicht lange, bevor ich zu meiner Mutter zog, schlief ich immer noch mit Licht. Ich hatte mein ganzes Leben lang mit Licht geschlafen, das, was ich für mein ganzes Leben hielt, mein Leben nach meiner Entführung, angefangen etwa zwei Jahre nach meiner Entführung, als hätte ich zwei Jahre damit zugebracht, aus einem Bombenkrater zu kriechen, zwei Jahre lang, nach meiner Entführung, machte ich regelmäßig ins Bett, wobei ich nicht glaube, dass ich vor meiner Entführung regelmäßig ins Bett machte, zwei Jahre aus einem Krater kriechen. Ein paar Jahre, nachdem ich anfing, mit Licht zu schlafen, vielleicht als ich neun oder zehn war, begann ich außerdem bei laufendem Ventilator zu schlafen – ich sagte mir, wenn ein Einbrecher käme, wenn jemand die Absicht hätte, mich nachts zu ermorden, wollte ich ihn nicht kommen hören; im Idealfall, so muss ich wohl gedacht haben, wobei ich mich nicht erinnere, so sehr ins Detail gegangen zu sein, würde jemand mit gezücktem Messer neben meinem Bett stehen, ich würde gar nicht aufwachen, sondern einfach ermordet werden, ohne zu wissen, dass ich ermordet wurde, und dann wäre ich natürlich tot und wüsste nicht, dass ich ermordet worden war, oder auch doch. Acht Jahre am Stück schlief ich mit eingeschaltetem Deckenlicht, und ich weiß nicht mehr, warum ich damit anfing.

Aber ich weiß, dass ich das Licht anließ, nicht nur wegen meiner Angst, im Schlaf überfallen zu werden, sondern auch als Reaktion auf etwas, an das ich mich nicht mehr erinnere, etwas, von dem mir später niemand erzählte – etwas, das meine Großmutter entweder nicht wusste oder worüber sie nicht sprach, sie, die mir gerne genüsslich von meinen Wunden erzählte. Aber immer wenn ich meine Erinnerung nach dem Grund dafür durchforste, sicherlich nicht nach dem Grund in Gänze, aber vielleicht nach seiner Fingerspitze, vielleicht würde ich bei genauem Hinsehen sogar seine Haarfarbe erkennen, stoße ich auf Dunkelheit, keine Leerstelle, keine Erinnerung, nur Dunkelheit wie die Dunkelheit jener Hotelvorhänge, durch die unwahrscheinlicherweise kein Morgenlicht ins Zimmer dringt, eine Dunkelheit, so dunkel wie die Nacht, aber weniger natürlich als die Nacht, eine Dunkelheit, die weniger natürlich ist als die Nacht, aber wo eine Erinnerung an die Nacht sein könnte. Ich schlief bei laufendem Ventilator, um meinen Mörder nicht kommen zu hören, doch ich schlief mit Licht, um nicht eindringen zu lassen, was oder wer in der Dunkelheit kommen könnte – was oder wer immer es war, der Tod war mir lieber, der Mörder war mir lieber.

Doch ich erinnere mich an den Traum.

Jahrelang, ich weiß nicht mehr, wie viele Jahre lang, jahrelang träumte ich den Traum, wobei ich jedes Mal, wenn ich ihn träumte, anschließend das sichere Gefühl hatte, es sei gar kein Traum gewesen, und ich weiß noch, dass ich einmal auf meiner Fensterbank in der Sonne saß und dennoch mitten in meinem Traum war. Wie hätte ich in dem Moment schlafen können, jahrelang, als ich ein Kind war, hörte ich Schritte, schwere Schritte, wobei ich wusste, dass es die Schritte eines Riesen waren, nicht aufgrund ihres Gewichts, sondern aufgrund der Länge der Intervalle zwischen den Schritten, wobei sie die Erde erschütterten wie zwei Hände, die mich wachrüttelten, wobei sie die Erde erschütterten wie eine Hand an meinem Hals, die letzte Panik vor dem Verlust des Bewusstseins, wie die bebende Erde, die nackte Angst, die die Erde erschüttert. Als Kind hatte ich hin und wieder einmalige Standard-Albträume – Dämonen jagten mich durch ein dunkles, unbekanntes Gebäude, und so weiter –, doch der Traum von dem Riesen, irgendwann entdeckte ich, dass der Riese ein Roboter war, der Traum von dem Riesen war der einzig wiederkehrende Albtraum, den ich hatte, und der einzige Albtraum, abgesehen von dem Albtraum, in dem mich Dämonen durch ein dunkles, unbekanntes Gebäude jagen, der mich nach dem Träumen den ganzen Tag und auch Jahrzehnte nach dem Träumen noch begleitete. Ich dachte oft an den Traum und fragte mich meist, wie der Riese aussehen mochte und ob er kam, um mich umzubringen. Und ich erinnere mich, als ich seine Schritte hörte, als ich auf meiner Fensterbank in der Sonne saß und in Richtung des kleinen Hügels sah, wobei mir der Hügel damals riesig vorkam, auf dessen Kuppe die Häuser endeten, die Gegend verschwand am Rande des Highways, der auf der Hügelkuppe die Broadmeade kreuzte, wobei die Gegend, die Häuser darin auch einen Block unterhalb der Hügelkuppe endeten, wobei die Gegend von dieser tiefer gelegenen Kreuzung aus bis zur Hügelkuppe zunächst ein eingezäunter Garten war, dann der Wald, in dem ich nach Marihuana suchte, als ich vielleicht neun war, wahrscheinlich zehn, dann der Minimarkt, es war ein UtoteM, die Kette gibt es heute nicht mehr, aufgekauft in den frühen Achtzigern durch Circle K, aber als ich klein war und dort Dutzende von Schokoriegeln auf einmal mitgehen ließ, manchmal auch ein Comicheft, aber dann nur einzeln, ich schob mir das Heft unters T-Shirt, sah ich auf den kleinen Hügel, weil die Schritte des Riesen von der Wiese auf der anderen Seite des Highways zu kommen schienen, und ich war hellwach, und ich weiß noch, dass ich dachte: »Er hat mich gefunden«, aber wer? Der Riese, aber wer? BUMM … BUMM … BUMM. Aber ich konnte den Hügel von meinem Fenster aus nicht sehen, nur das Nachbarhaus, neben dem ein weiteres Haus stand, und dann noch eins, und dann der UtoteM, all das sah ich vor meinem inneren Auge, selbst als die Erde bebte, und ich musste mir das alles vorstellen, um mir die Wiese dahinter vorstellen zu können, durch die der Riese immer näher kam. Stündest du auf der Standspur des Highways mit dem Rücken zu meiner Nachbarschaft, erschiene die Gegend unbewohnt, und der Riese sähe aus, als käme er aus dem Nichts auf dich zu, doch der Tod hat keine Heimat außer dir.

Irgendwann, nicht lange nach meinem Umzug von Texas nach Kalifornien, träumte ich von einer ersten und letzten Konfrontation mit dem Riesen. In meinem Traum saß ich am Fenster neben dem Kopfteil meines Bettes gegenüber von meiner Zimmertür. Im Traum stützte ich mich auf die Fensterbank und sah hinauf in die Sterne über unserem Garten. Der Himmel war klar, die nächstgelegene Spitze der Streben des rostigen

Schaukelgerüsts, das meine Großeltern mir bei unserer Ankunft in Texas gekauft hatten, ein Artefakt ihrer frühen Bemühungen, sich meine Zuneigung zu erkaufen, touchierte soeben den unteren Rand des Himmels. Die Schritte des Riesen, BUMM … BUMM … BUMM, tauchten aus der Ferne auf, klangen näher als je zuvor, wobei ich den Riesen nicht gleich sah, obwohl seine Schritte das Haus so sehr erschütterten, dass ich erst dachte, der Riese habe vor, das Haus in die darunterliegenden Höhlen zu versenken. (Ohne ihn je gesehen zu haben, wusste ich, hatte ich immer gewusst, dass der Riese ein Mann war.) BUMM, noch ein Schritt, dann BUMM, noch einer, dann Stille – noch nie zuvor war der Riese stehen geblieben, die Träume hatten immer aus seinen herannahenden Schritten bestanden, gleichbleibend laut, wie ich jetzt begriff, weil er zu weit weg gewesen war, um lauter zu werden. Ich wusste, dass der Riese in unserem Garten war, aber ich konnte ihn nicht sehen. Ich blickte nach links und sah den Zaun zwischen unserem Garten und dem Nachbarsgarten in etwa fünf Metern Entfernung, wobei das Schaukelgerüst seine Lage veränderte und von der linken Seite meines Blickfelds, nicht ganz an der Peripherie, an meine rechte Peripherie wanderte, während ich den Kopf nach links drehte, und während ich den Kopf nach links drehte, verschwanden drei Viertel des Gartens zu meiner Rechten, mehr als drei Viertel, der größte Teil des Gartens. Ich hörte ein Knirschen, wie wenn in einem Film eine gigantische Metallkonstruktion langsam umzufallen beginnt, wobei mir »Knirschen« ein zu kleines Wort zu sein scheint für ein Geräusch, das ich mir immer als kreischendes Metall vorgestellt habe. Hinter meinem Kopf zu meiner Rechten hörte ich kreischendes Metall und drehte mich nach rechts, erst dachte ich, es sei das Schaukelgerüst, das einknickt und in sich zusammenfällt, doch der Schrei war zu laut, ich blickte nach rechts und sah einen gigantischen Roboter, er sah aus wie eines der Spielzeuge der Billigmarke Gundam, die ich immer auf dem Flohmarkt sah, den ich manchmal mit meiner Großmutter besuchte, aber riesengroß, zwanzig Meter hoch, die Hörner an seinem Kopf, eins auf jeder Seite, waren nicht spitz, sondern abgeflacht und nicht zylindrisch, sondern rechteckig, wobei sie sich verjüngten, und seine Hörner waren leuchtend weiß, sein Helm dunkelblau, wobei sein ganzer Kopf nur aus Helm bestand, und seine Augen waren von einem milchigen metallischen Gelb, und seine rechte Faust, die auf mich zuschoss, von einem weißlich matten Grau, der Farbe eines Kampfjets. Ich sprang vor seiner Hand weg und in die Luft, und erst da ging mir auf, dass ich nicht mehr in meinem Zimmer war, aber ebenso wenig waren der Riese und ich in unserem Garten, sondern in einer leeren Lagerhalle mit Wellblechwänden und einem Wellblechdach, wobei die Lagerhalle größer war als eine normale Lagerhalle, und trotz ihrer gewaltigen Größe schien sie nur aus vier Wänden zu bestehen. Die Kamera, durch die ich den Traum beobachtete, die mir vor meinem Sprung in die Luft als Augen gedient hatten, war jetzt weit weg auf dem Boden positioniert, und ich sah mich etwa fünfzehn Meter über dem Boden schweben und sechs Meter links neben dem Riesen, der umrahmt war von Licht, das durch die Tür der Lagerhalle strömte, in deren Rahmen der Riese stand und durch die nichts als gleißend gelbes Licht zu sehen war. Ich hatte ein riesiges blaues Schwert in der Hand, das die Form von He-Mans Schwert hatte, und selbst für einen erwachsenen Mann zu groß wirkte, und ich hob das Schwert ohne Mühe über meinen Kopf, während ich auf das Gesicht des Roboters zuflog, dessen rechte Faust jetzt anderthalb Meter tief in der Erde steckte, und sein Gesicht drehte sich zu mir.

Das Gesicht des Riesen drehte sich langsam, und er hatte die Bewegung noch nicht vollendet, als ich ihm mit dem Schwert in die rechte Wange schlug und ihm fast den ganzen Kiefer abtrennte. Ich weiß noch, dass ich dachte, eine solche Wunde werde ihn nicht umbringen, und von der anderen Seite der Lagerhalle, durch die Kamera hindurch, die mir als Augen gedient hatten, sah ich meine Schultern zurückzucken, als wollte ich wieder das Schwert heben, doch obwohl ich das Schwert mit beiden Händen gepackt hatte, ließ es sich nicht bewegen und zeigte senkrecht mit der Spitze in den Boden der Lagerhalle und schien mir stattdessen aus den Händen in Richtung Boden zu springen, und im Fallen wurde das Schwert von der Spitze bis zum Griff von funkelndem weißen Licht verzehrt, so wie der Riese von unten bis oben von demselben Licht verzehrt wurde, als wäre das Schwert ein Bestandteil des Riesen gewesen. Ich begann aus dem Himmel zur Erde zu stürzen, und mitten im Sturz wachte ich auf. Und schlagartig wusste ich, dass ich nie wieder die Schritte des Riesen hören würde. Ich weiß noch, wie ich dachte, ich sollte mich freuen – der Albtraum von den Schritten des Riesen hatte mir jahrelang Angst gemacht –, aber ich freute mich nicht. Ich setzte mich auf, saß einen Augenblick still da, und dann stand ich auf und ging von meinem Bett ans Fenster, wo ich zu Beginn des Traums in die Sterne geguckt hatte. Der Wind schüttelte die Blätter aus der Trauerweide, deren Fehlen mir im Traum gar nicht aufgefallen war. Das Schaukelgerüst, das früher dahinter stand, war nicht mehr da, schon seit Jahren, seit vielen Jahren, so kam es mir vor, mir, einem Kind von zwei oder vielleicht drei. Doch der Garten sah aus, wie er am Vortag ausgesehen hatte und wie er tags darauf aussehen würde, obwohl das Haus verkauft worden war und der Garten sich jetzt rasch vor mir zurückzog.

Ein Teenager ist ein Mensch, der allmählich erkennt, dass er ein Mensch ist. Ich wurde schon früh zum Teenager, in meinen ersten Monaten in Kalifornien, als ich elf war. Während meine Altersgenossen auf der East Avenue anfingen, über das Leben nachzudenken, das sie vielleicht eines Tages führen würden, konnte ich nur an das Leben denken, das ich bereits führte und von dem ich mich sicherlich niemals erholen würde – als Teenager konnte ich mir nie eine Zukunft für mich vorstellen; mit fünfzehn war ich sicher, dass ich mit achtzehn sterben würde, denn war achtzehn nicht das Nonplusultra? Als Kind wollte ich später Baseballspieler werden; als etwas älteres Kind dachte ich, nachdem ich einen Baseball ins Auge bekommen hatte, ich könnte vielleicht später bei IBM arbeiten, weil mein Großvater dort arbeitete; als Teenager konnte ich mir nicht vorstellen, erwachsen zu werden, ich strebte nicht danach, mehr zu sein als der mir zugefügte Schaden, ich wollte aus dem Schaden nicht herauswachsen – mein Großvater hatte fast unmittelbar nach meiner Entführung angefangen, mich zu schlagen; die Schläge ketteten mich an die Entführung, jene tiefe Wunde zu Beginn meines Lebens und vor dem Beginn meines Lebens, vor der Entführung, da wartete ich noch, unbeschadet, kein separates Ich, sondern mein eigentliches Ich, mein ganzes Ich, das in Form von Bruchstücken durch die Zeit hindurch als mein Ich weiterwuchs. Mir mein künftiges Leben auszumalen hätte geheißen, die Kette aus dem Blick zu verlieren, die mich mit diesem fernen Ich verband.

Teenager zu sein bedeutet, einen jahrelangen Kampf zu führen, um den Schock der Erkenntnis zu überwinden, dass es auch noch andere Menschen auf der Welt gibt. Ich erinnere mich an keinen einzigen Schlag; ich erinnere mich nicht, jemals einem anderen Menschen mitgeteilt zu haben, dass ich von meinem Großvater geschlagen wurde. Aber ich erinnere mich, wie mein künftiger bester Freund in Livermore, Chris, der mein bester Freund wurde, nachdem Derek aufhörte, mein bester Freund zu sein, einmal zu mir sagte: »Dein Großvater ist der größte Mann, den ich je gesehen habe.« Chris und ich waren vielleicht dreizehn oder knapp davor, vielleicht hatten wir begonnen, unserem Körper ein gewisses trauriges Augenmerk zu widmen. Mein Großvater schien ständig in der Garage beim Gewichtheben zu sein, wobei ich ihn nie beim Gewichtheben sah – ein Jahr lang, zwei Jahre lang, angefangen etwa ein Jahr nach unserem Umzug nach Kalifornien, schien er andauernd Gewichte zu heben, denn seine Arme und sein Brustkorb sprengten langsam von innen seine Hemden auf. Er trainierte seit ungefähr acht Jahren, aber nie zuvor so häufig wie im letzten oder vorletzten Jahr. Und ich weiß noch, wie ich zusammen mit meiner Klasse auf dem Boden der Bibliothek der East Avenue Middle School saß, vielleicht mit der gesamten Jahrgangsstufe 8 – ich erinnere mich, dass ich das Gefühl hatte, mein Ende an der East Avenue stehe allzu unmittelbar bevor. Ich hatte Panik, ich hatte das Gefühl, dass auch das Ende meiner Zeit in Livermore allzu unmittelbar bevorstehe, ich muss gewusst haben, dass ich bald zu meiner Mutter ziehen würde –, wir schauten einen Film über Kindesmisshandlung an, vielleicht waren die Siebtklässler und die Sechstklässler auch mit dabei, auch kleinere Kinder, aber von wo? Ich erinnere mich an eine Sockenpuppe und die unsichere Stimme eines Kindes, ein Junge aus dem Publikum stand auf und sprach, doch er stand zu dicht vor dem Redner, er stand da und sprach so, dass ich nicht sagen konnte, ob er ein Teil der Veranstaltung war. Ich weiß noch, dass ich dachte, ich habe keine sichtbaren Spuren, warum war das, was ich gefühlt hatte, nicht in meiner Haut eingebrannt? und ich dachte, wem könnte ich es sagen? was, wenn ich weggeholt wurde? die Angst, meinen Entführern weggenommen zu werden, überwog jedwede Angst vor dem, was meine Entführer mir antun könnten. Stattdessen schickten meine Entführer mich weg, meine Entführerin, meine Großmutter schickte mich weg.

Als meine Großmutter mir erzählte, wie es kam, dass sie beschloss, mich wegzuschicken, damit ich Ende des Sommers 1989 und dann wer weiß wie lange bei meiner Mutter leben sollte, wobei es am Ende nur ein paar Monate in den Herbst hinein wurden, aber wer wusste das schon vorher, saßen wir zusammen in einem Carrows auf dem Parkplatz vom Safeway in Salem, Oregon, an einem Tisch im hinteren Teil des Restaurants in der Nähe eines Fensters und frühstückten. Ich war vielleicht achtzehn. Ich weiß nicht mehr, wie das Gespräch begann, wie wir auch nur annähernd auf das Thema kamen, aber ich weiß noch, wie sie sagte: »Ich dachte, dein Vater bringt dich um.«

»Mein Großvater«, murmelte ich. »Warum?«

»Du weißt, mir fällt es schwer, mich zu erinnern, dass er nicht dein Vater war.«

»Klar. Warum hast du gedacht, er bringt mich um?«

»Er hat dich zu Boden geschubst, weil du irgendwas

Freches gesagt hast, und du bist auf ihn losgegangen, und ich dachte, jetzt bringt er dich um.«

»Wovon redest du?«, fragte ich jetzt mit klarer Stimme, ich weiß noch, dass ich aus dem Fenster auf die Autos auf dem Parkplatz geschaut hatte, und ich wandte mich zu ihr und sprach lauter – als ich anfing, die Frage zu stellen, hatte ich auf einmal das Gefühl, ich stünde neben mir, und sofort glaubte ich lauter sprechen zu müssen, um hören zu können.

Meine Großmutter wandte den Blick ab und sah in den schattigen holzgetäfelten Speisesaal, der schummrig beleuchtet war, als sollte eine intime Atmosphäre geschaffen werden, aber auch schummrig, als wären ein paar Glühbirnen kaputt, und das schummrige Licht wurde durch die dunkelbraunen Säulen und Wände noch verstärkt. Wir hatten auf unser Essen gewartet – meine Großmutter hatte fast mit Sicherheit ein paniertes Steak bestellt und ich fast mit Sicherheit einen Beilagenteller Schinken, kein Hauptgericht –, und gerade war das Essen gekommen. Ich beobachtete unsere Kellnerin, eine Frau, die kaum älter war als ich, mit Haaren in dem Braunton, den ich immer als blond bezeichnet habe, zusammengebunden zu einem schnellen Pferdeschwanz, und wie sie meiner Großmutter den Teller hinstellte, und ich sagte »Danke«, während sie mir meinen Teller hinstellte, und da ich neben mir stand, musste ich durch mich hindurchsehen, um sie sehen zu können. Als sie weg war, fragte ich erneut: »Wovon redest du?«

»Weißt du das nicht mehr? Das war in der Woche, bevor du zu Denise gezogen bist.«

Jetzt schilderte meine Großmutter detaillierter die Prügelattacke, obwohl sie kaum Details hinzuzufügen hatte – ihre Schilderung der Attacke war mehr eine Zusammenfassung aller Prügelattacken, die zu der einen Attacke führte, die sie dazu bewog, mir das Leben zu retten, als wäre jeder Schlag eine Pflaume, die im Supermarkt auf die Waage gelegt wurde. Keine der Prügelattacken kam mir bekannt vor, keine löste eine Erinnerung aus. Ich stand neben mir, mir war flau, nur ganz leicht, doch ich versank in meiner Flauheit.

»Er hat dich ständig verprügelt damals«, sagte sie.

Ihre Darstellung der Prügelattacke war eine Chronik der vorhergehenden Attacken, angefangen, als ich drei war, kurz nach unserer Ankunft in Round Rock – ich rief nach meinem Vater, und mein Großvater warf mich gegen die Wand, angewidert, als wollte er mich wegwerfen, nur ließ es das Haus nicht zu –, und jede Attacke wurde dem zugeordnet, womit ich sie verdient hatte. Keine detaillierte Schilderung der Schläge selbst, nicht genau, *wie* er mich schlug. Schlug er mir mit der Faust gegen den Kopf? Schlug er mir mit der Faust ins Gesicht? Gegen die Brust? In den Magen? Schützte ich mich? Lief ich vor ihm weg? In mein Zimmer? Aus der Haustür? Aus der Haustür hätte ich nicht laufen können, es hätte mich jemand sehen können, irgendwelche Kinder spielten immer in irgendeinem Vorgarten, nicht Derek, zwei oder drei Häuser weiter in Richtung von

Mr Dennis' Haus, keine Kindergruppen in den Gärten, sondern eine einzige Gruppe in einem einzigen Vorgarten zwei Häuser weiter in die andere Richtung, am Haus an der Kreuzung Bianca Way und Shelley Street, jüngere Kinder als ich, sieben, acht, neun, spielten immer zusammen im Vorgarten, ich hätte unmöglich blutend und weinend hinauslaufen können, oder auch nur weinend. Aber bin ich jemals aus der Tür gerannt und auf dem Skatebord abgehauen? Aber ich hatte mein Skateboard nie an der Haustür stehen, ich erinnere mich nicht, wie ich darauf kam, dass mein Großvater es mir wegnehmen könnte, aber das dachte ich immer, ich hatte es in meinem Zimmer neben der Tür stehen, sollte ich also mit eingezogenem Kopf durchs Wohnzimmer und aus der Tür gerannt und so schnell wie möglich davongeskatet sein, aber wäre er mir nicht hinterhergerannt und durch die Haustür geplatzt, aber das hätten die Nachbarn mitbekommen, erst hätte ich mein Board aus meinem Zimmer holen müssen, am Ende eines engen Flurs, und er hätte mich in die Ecke getrieben, und ich wäre an der Wand nach unten gerutscht und hätte mich kleingemacht, den Kopf zwischen den Knien, die Hände über dem Hinterkopf, wie ich es an der Forest North gelernt hatte, schnell unter die Bank und den Kopf bedecken im Fall eines Atomangriffs, wie ich es an der Forest North gelernt hatte, schnell unter die Bank und den Kopf bedecken im Fall eines Erdbebens, keine Bank, keine Bank, wäre die Decke eingestürzt, hätte der Gips in meinen Haaren vielleicht ausgesehen wie Mehl, ein

Standbild von einer Essensschlacht in einer Küche oder einer Sitcom, wo bin ich hin? wohin hätte ich können?

Detaillierte Schilderungen gab es nicht. Aber das eine Mal, gegen das meine Großmutter ihre Liste der Schläge aufwog, eine Pflaume, noch eine Pflaume, genug, um sie einem Kind in den Rachen zu stopfen, bis es daran erstickt, und weiter, noch eine Pflaume, noch eine Pflaume, noch eine Pflaume, genug, um das Kind darunter zu vergraben, endlich bildet der Haufen eine Pyramide, die höher ist als ein Junge, mehr wie der Kern im Innern einer Pflaume als ein Junge, eine Pyramide aus Kernen und Fleisch, die letzten Schläge in der Liste der Schläge waren vielleicht die letzten Schläge überhaupt. Vielleicht schlug mich mein Großvater in der Woche zwischen den Schlägen und meiner Flucht nach Oregon nicht noch einmal, und vielleicht schlug er mich nicht noch einmal, als ich von Oregon nach Kalifornien zurückzog, in den letzten Monaten als Familie. Wenn doch, dachte meine Großmutter anscheinend nicht, er bringt mich um, wobei, falls er mich doch noch einmal schlug, habe ich mich sicher wieder gewehrt. Was immer das hieß. Fast mit Sicherheit einfach wieder aufstehen, vom Boden aufstehen, nicht aufspringen und in mein Zimmer laufen, nicht in mein Zimmer kriechen, wobei ich mich erinnere, dass ich einmal vor ihm weggekrochen bin, als ich eigentlich zum Kriechen zu alt war – ein Erinnerungssplitter, ein Blitz, ein flaues Gefühl. Meine Großmutter hatte meinem Großvater zugesehen, wie er mich umbringt, seit ich drei war. Was sie fürchtete, was sie gefürchtet haben musste, als ich dreizehn oder vierzehn war und mich wehrte und auf meinen Großvater losging, nachdem er mich zu Boden geschubst hatte, war, dass er mich irgendwann im öffentlichen Rahmen unseres Wohnzimmers umbringt, dass es irgendwann die Nachbarn wissen würden und die Stadt und ihre Verwandtschaft, so weit wäre das Töten eines schwarzen Jungen damals vielleicht vorgedrungen, nicht bis zum Bundesstaat, nicht bis zum Land, es waren immer noch die Achtzigerjahre, aber weit genug, um Schande über sie zu bringen, nicht ihr Leben zu beenden, aber es zu verdüstern. Was immer ungefähr in der Woche geschah, unmittelbar nachdem ich aufstand und auf meinen Großvater losging – die einzige Beschreibung, die ich liefern kann, deren ich mir sicher bin, ist eine Beschreibung des Raums zwischen uns, während ich ihm entgegentrat, er war leer und sah aus wie ein leerer Raum, und meine Großmutter stand nicht darin – nach Ablauf dieser Woche, ungefähr, wurde ich nach Portland geschickt, ich wurde in San Francisco ins Flugzeug gesetzt und erlebte den bis heute kürzesten Flug meines Lebens, das Flugzeug startet, das Flugzeug landet.

Der Großteil einer Entführung, fast die ganze Entführung, findet statt, nachdem das Kind geraubt wurde. Ist das geraubte Kind jung genug und wurde es von einer Person oder zwei Personen geraubt, die die Absicht haben, das Kind wie ihr eigenes Kind großzuziehen, müssen die Entführer Monate nach dem Raub des Kindes sowohl mit großer Vorsicht als auch großem Nachdruck arbeiten, und dann nach den ersten Monaten nach dem Raub des Kindes jahrelang beiläufiger, um die Erinnerung des Kindes an den oder die vorhergehenden Betreuer auszulöschen. Wenn es irgendeine Kontinuität gibt zwischen der vorhergehenden Situation des Kindes und der Situation des Kindes nach der Entführung – wenn, sagen wir, einer der beiden vorhergehenden Betreuer des Kindes das Kind nach der Entführung weiterhin besucht, und gesetzt den Fall, dass die Betreuerin, die jetzt mit den Entführern des Kindes kollaboriert, zumindest darauf achtet, nicht allzu oft und allzu positiv vom anderen vorhergehenden Betreuer des Kindes zu sprechen, vor allem in den Monaten unmittelbar nach der Entführung –, werden es die Entführer wahrscheinlich leichter haben, die vorhergehende Situation des Kindes auszulöschen, als es der Fall gewesen wäre, wenn es keine Kontinuität zwischen den beiden Situationen des Kindes gäbe. Wenn die eine Betreuerin des Kindes das Kind nach der Entführung weiterhin besucht – sagen wir, die Mutter des Kindes, und sagen wir, der andere Betreuer war der Vater, dem das Kind weggenommen wurde; sagen wir, die Mutter des Kindes war Teenager und Schulabbrecherin gewesen, als das Kind geboren wurde, und zur Zeit der Entführung erst einundzwanzig, vielleicht auch schon zweiundzwanzig. (Sagen wir, dir ist gerade aufgegangen, dass du nicht weißt, in welcher Jahreszeit das Kind entführt wurde. Wurde es geraubt, als die Blätter fielen, oder waren die Bäume tot und nackt? Oder wurde es geraubt, während das Leben in die Bäume zurückkehrte? Oder war das Leben, als das Kind geraubt wurde, so gründlich zurückgekehrt, dass man sich gar nichts anderes vorstellen konnte, wobei die Sonne hell und heiß brannte und die dichten Blätter der Bäume, wenn sie zur Seite geschoben wurden, um das weinende Kleinkind in den Armen der weißen Frau besser sehen zu können, sich viel zu heiß anfühlten, um lebendig zu sein, auch wenn Feuer wie ein lebendes Wesen zuckt?) Sagen wir, die Entführer waren die Eltern der Mutter, und obwohl sie nicht mehr zu Hause wohnte, sah sie sich immer noch in erster Linie als deren Kind und erst dann als unabhängige Erwachsene. Dann werden sich die Entführer des Kindes in einer günstigen Lage befinden, sich eine Geschichte zusammenzuspinnen, wonach der Betreuer, dem das Kind weggenommen wurde, vor der Entführung im Leben des Kindes nicht anwesend gewesen sei (die in der Geschichte keine Entführung, sondern ein Gefallen war, den die Großeltern ihrer Tochter taten), und gemeinerweise nicht nur das Kind im Stich gelassen habe, sondern auch die Mutter, als das Kind geboren wurde. Diese Geschichte zu erzählen dauert Jahre. Diese Geschichte muss nicht nur das Leben des Kindes *vor* der Entführung ersetzen – sagen wir, das Kind ist ein Junge –, sondern auch sein Leben *nach* der Entführung. Für die Sicherheit aller an der Entführung Beteiligten, nicht zuletzt zur Sicherheit des Jungen, darf er niemals aufhören, die Geschichte zu erzählen. Die langwierige Entführungsarbeit verwandelt den Jungen in eine Maschine zum Schutz seiner Entführer. Die endgültige Feuerprobe der Entführung ist die Frage, ob er sie auch dann noch schützt, nachdem er sie verlassen hat.

MEINE MUTTER DER CIVIC

Wie ein Tagtraum

Als ich mich am Ende meines ersten Tages in ihrem Haus, in meinem neuen Zuhause, bettfertig machte, weiß ich noch, dass ich dachte, ich fange noch einmal von vorn an, mit dreizehn fange ich noch einmal von vorn an, mit dreizehn fange ich ein neues Leben an, als wäre ich dreißig und hätte durch irgendein Wunder die Chance bekommen, ein Leben schlechter Entscheidungen hinter mir zu lassen, neuer Job, neue Stadt, als könnte ich mein Glück kaum fassen, und ich weiß noch, dass ich dachte, von vorne anzufangen würde unter anderem bedeuten, im Dunkeln zu schlafen, zumal meine Mutter gesagt hatte, sie könne es sich nicht leisten, die ganze Nacht das Licht brennen zu lassen, doch ich erinnere mich nicht daran, gedacht zu haben, ich könnte deshalb endlich ohne Licht schlafen, weil ich endlich weit genug weg war von dem- oder denjenigen, die den Grund für meine Angst vor der Dunkelheit darstellten, ein neues Leben. Doch Portland hatte ich schon immer als besondere Stadt empfunden, als wäre sie die heimliche Hauptstadt des Planeten, und bis ich wer weiß wie alt war, älter als zehn, bestimmt, vielleicht schon ein Teenager, hielt ich sie für die Hauptstadt Oregons, und Jahre, nachdem ich erfahren hatte, dass das nicht der Fall war, hatte ich Probleme damit, mich zu erinnern, dass das das nicht der Fall war. Ich war in Portland geboren und in Portland gestorben, wenn auch nicht in dieser Reihenfolge, aber ich hatte, außer als Säugling und eine Zeit lang als Kleinkind, nie in Portland gelebt – es sei denn es zählt, an einem Ort zu leben, wo man tot geboren wurde.

(»Drähte«, sagte meine Großmutter, »Drähte«, sagte auch meine Mutter, seien an meinem Kopf befestigt gewesen, und an meinem Brustkorb, an einem Arm, manche waren fest, manche standen ab, als wäre ich sogar schon bei meiner Geburt für diejenigen Menschen, die mich großziehen und lieben sollten, und aus deren Blut mein Blut gemacht war, als wäre ich für meine Mutter und für meine Großmutter etwas anderes als menschlich, ein schwarzer Körper in einem Krankenhaus, als wären sämtliche meiner Körperteile die Teile eines einstigen Toten, Drähte, keine Schläuche, von denen einige sicherlich *wirklich* Drähte waren, und einige sicherlich Schläuche, was immer durch die Schläuche hindurchgepumpt wurde, war etwas anderes als die Flüssigkeiten, die ein menschliches Baby benötigte, meine Mutter sagte, sie sei in Ohnmacht gefallen, als sie mich zum ersten Mal im Brutkasten sah, sie sei in Ohnmacht gefallen, oder »Ich wäre fast in Ohnmacht gefallen«, sagte sie vielleicht, sie stand viel zu sehr unter Beruhigungsmitteln, um mich gleich nach der Geburt in Augenschein zu nehmen, woher kamen die Drähte? Nicht von ihr, aber schon waren die Drähte ein Teil von mir.)

Ich muss mich irren, aber ich erinnere mich nicht, meine Mutter während meiner Zeit in Kalifornien auch nur ein einziges Mal gesehen zu haben. Doch meine Mutter muss mich vom Flughafen abgeholt haben, und sie muss mich gefahren haben – vielleicht in ihrem Honda Civic, auf den sie so stolz war. Immer wenn ich die Beifahrertür schloss, beim Einsteigen ins Auto oder beim Aussteigen aus dem Auto, ermahnte sie mich, manchmal ängstlich, manchmal ärgerlich, die Tür nicht zuzuknallen. Beim Zuknallen der Tür verziehe sich der Rahmen, also müsse ich die Türen vorsichtig schließen. Sie muss mich zu meinem neuen Zuhause gefahren haben, zu ihrem Haus, vielleicht war es eine Wohnung, es sah aus wie ein Haus, aber es lag in einem Häuserkomplex, die Häuser fügten sich alle zusammen wie Wohnungen in einem Wohnungskomplex, in Raleigh Hills, einem Vorort von Portland. Bis vor Kurzem, bis vor ein paar Jahren vielleicht, besaß ich ein Foto von mir, wie ich mit Stützbandagen an beiden Knien auf dem niedrigen, schmalen Bordstein vor dem Haus einen Backside Slappy Grind mache. Für den Trick fährt man im Winkel auf das Hindernis zu, meist einen Bordstein oder etwas von ähnlicher Höhe, und mit den Rücken zum Hindernis drückt man beide Achsen seines Skateboards auf den Rand des Hindernisses, indem man sich vom Hindernis weglehnt, wenn die Rollen das Hindernis berühren, was zur Folge hat, dass man das Hindernis hinauffährt; die Bewegung ist schnell und heftig, man scheint mit dem Board gegen das Hindernis zu knallen. Als ich dreizehn und vierzehn und fünfzehn war, wurden die Schmerzen in meinen Knien manchmal so schlimm, dass es unerträglich war.

Meine Mutter muss mich am Flughafen abgeholt und nach Hause gefahren haben, mich dorthin gefahren haben, wo fürs Erste und für wie lange auch immer mein Zuhause sein würde, war es vor meiner Ankunft schon mein Zuhause? Wann wurde es zu meinem Zuhause? Als ich in den Isuzu meiner Großmutter stieg, um mich zum Flughafen von San Francisco bringen zu lassen? Als ich ins Flugzeug stieg? Während ich in der Luft war? Hätte die Technologie existiert, hätte ich mich unterwegs vermutlich jederzeit zum Haus oder zur Wohnung meiner Mutter beamen lassen können, und das Haus oder die Wohnung meiner Mutter wäre mein Zuhause gewesen. Aber für wie lange vor dem Verlassen meiner Großeltern wäre das der Fall gewesen? Jederzeit in den Jahren zwischen meiner Entführung und dem Tag des Verlassens meiner Großeltern, um zu meiner Mutter zu ziehen, hätte mich meine Mutter, wäre ich vor ihrer Tür aufgetaucht, bei sich wohnen lassen, zumindest vorübergehend, aber ihr Haus wird nicht mein Zuhause gewesen sein, zumindest nicht sofort. Wahrscheinlich wurde das Haus meiner Mutter zu meinem Zuhause, während ich in der Luft war.

Ein Elternteil ist eine Person, die dich, wenn du vom Himmel fällst und das Elternteil entsprechend vorgewarnt wurde – sagen wir, du schreist seit zehn Jahren, es ist ein langer Sturz, oder sie haben vor ungefähr einer Woche einen Anruf bekommen, in dem es hieß, du würdest in ihrer Nähe vom Himmel fallen –, auffängt.

Meine Mutter holte mich am Flughafen ab und brachte mich nach Hause. Er war gerade Sommer geworden, fast mit Sicherheit war es gerade Sommer geworden. Ich wohnte lange genug in Raleigh Hills, um erst überrascht, dann depressiv zu sein, als es mehr oder weniger dauerhaft anfing zu regnen, während der Herbst in den Winter überging. Dies war die erste Depression, an die ich mich erinnere – es gab keine überdachten Flächen in der Nähe, wo man skaten konnte, und ich weiß noch, dass ich dachte, lieber würde ich mich von meinem Großvater in Livermore verprügeln lassen, wenn ich denn nur skaten könnte, und beim Gedanken schnürte sich mir der Magen zusammen. Doch als meine Mutter vor meinem neuen Zuhause, bestimmt war es schon mein neues Zuhause, auf ihren privaten Stellplatz fuhr, der direkt unter ihrem Fenster lag, bestimmt war es schon mein neues Zuhause, obwohl ich noch nicht wusste, welches Fenster zu wem gehörte, war ich zuversichtlich, ich weiß noch, dass ich zuversichtlich war, und nervös, unsicher, wie das Leben mit meiner Mutter wohl werden würde. Auch sie muss nervös gewesen sein – die letzten zehn Jahre hatte sie allein oder in WGs mit gleichaltrigen Frauen zusammengewohnt, ein- oder zweimal mit einem Freund, aber nie zusammen mit jemandem, dem sie die Art von Zuwendung schuldete, die man als Elternteil seinem Kind schuldet. Selbst dann, als sie im Dunstkreis von meinen Großeltern und mir wohnte, wohnte sie zu weit weg, als dass ich sie zu Fuß hätte besuchen können, zu weit weg, als dass ich sie mit dem Fahrrad hätte besuchen können, und in den zehn Jahren seit meiner Entführung wohnte sie nie in derselben Stadt wie ich, und die letzten zwei Jahre hatte sie nicht mal im selben Bundesstaat gewohnt. Wie bereitet man sich darauf vor, ein Kind zu haben, wenn das Kind bereits existiert, dreizehn ist, wenn man dieses Kind seit seiner Geburt schon hat? Wie übt man Einfluss auf einen Teenager aus, der sich fast ausschließlich auf eine biologische Tatsache gründet, Einfluss, der durch nichts anderes untermauert wird als die kurzen Besuche, mal für einen Tag, mal für zwei Tage, die man diesem Teenager sporadisch abgestattet hat? Sie hatte ein Zimmer für mich eingerichtet, es muss so gewesen sein, aber es ist das einzige Zimmer, in dem ich gewohnt habe, seit ich drei bin, an das ich mich nicht erinnere.

Das Langzeitgedächtnis mag für andere funktionieren, wie es will, für mich funktioniert es wie ein Aktenschrank ohne Schubladen, und wenn ich mich an etwas erinnern will, muss ich erst eine Schublade, die den Gegenstand darstellt, an den ich mich erinnern will, in einen Raum einbauen, der mit irgendeinem Aspekt des Gegenstands korrespondiert, so dass ich dann die Schublade herausziehen und ihren dennoch meist ungeformten Inhalt betrachten kann. Wenn ich an die Zeit in Raleigh Hills zurückdenke, ziehe ich eine mit »Raleigh Hills« markierte Schublade in einen etwa drei Monate tiefen Raum heraus. Aber wenn ich den ganzen Sommer vor der neunten Klasse in Raleigh Hills gewohnt habe und im Anschluss lange genug auf die Whitford Middle School ging, lange genug, um Freundschaften zu schließen, einen besten Freund zu finden – Corey, den ich dort kennenlernte, und wenn ich daran denke, erinnere ich mich, dass wir jahrelang beste Freunde waren, dass wir zusammen die Subkultur entdeckten, die mich für den Rest meines Lebens prägen sollte, ich erinnere mich, dass wir eine Ewigkeit beste Freunde waren. Corey brachte mich mit Shoegaze in Kontakt, in der Cafeteria an der Whitford Middle School beschrieb er mir ekstatisch, verzückt den Song »Like a Daydream« von Ride, den müsse ich mir anhören, und als ich dann die Ekstase und Verzückung genau an der beschriebenen Stelle fand, Harmonien wie ein Sonnenaufgang über einem Weizenfeld, und wir verliebten uns gemeinsam in Winona Ryder, und nicht lange, nachdem wir einander unsere Liebe zu ihr gestanden hatten, überraschte mich Corey, wir waren bei ihm zu Hause und wollten gerade skaten gehen, mit bleigrauen Stickern, auf denen in weißer Schrift »WINONA RYDER« stand, ich hatte keine Ahnung, dass Drucker so etwas konnten, Sticker drucken, und ich klebte mir einen davon sofort auf mein Board und nahm den Rest später mit nach Hause –, und wenn es stimmte, dass ich lange genug auf der Whitford war, um zum ersten Mal in meinem Leben beliebt zu sein, scheinbar jeder Neuntklässler kannte meinen Namen am ersten Tag des Schuljahres und wusste ihn noch am nächsten Tag und sagte ihn mit einem Lächeln, dann muss ich vier Monate dort gewohnt haben, mindestens, eher fünf Monate. Kann aber sein, dass es nur drei Monate waren. Möglich, dass ich im Hochsommer ankam und nur anderthalb Monate die Whitford besuchte. »Drei Monate« klingt bezeichnend, aber was nützt dir diese Bezeichnung, wenn du dich an dein Leben erinnern willst? Drei Monate ab Juni in einem Vorort von Portland sind fast drei Monate Sonne mit ein paar Tagen oder einer Woche Regen am Ende; drei Monate ab August sind ein Monat und eine Woche Sonne, und dann Regen, jahrelanger Regen. Wie willst du wissen, wer du bist, wenn du dir nicht sicher sein kannst, wann und für wie lange du irgendwo gewohnt hast?

Wer, außer Leuten mit einer unfassbaren Gedächtnisleistung, erinnert sich länger als ein paar Sekunden an bestimmte Zeitspannen seines Lebens vor dreißig Jahren? Ich erinnere mich, dass ich während meiner Zeit in Raleigh Hills aus Versehen mein Skateboard in einen Wassergraben fallen ließ – ich wusste, dass es Monate dauern würde, bis meine Mutter es sich leisten könnte, mir ein neues Deck zu kaufen, wenn überhaupt, also fischte ich es wieder heraus, doch das Deck war hinüber, vollgesogen mit Wasser, schwer, ohne Pop, trotzdem fuhr ich damit weiter. Ich erinnere mich, wie ich am Ende meiner Zeit in Raleigh Hills in der Abenddämmerung gemeinsam mit Corey vor dem Safeway auf einem roten Bordstein, aber nur in dieser einen Stunde und ohne sie in den folgenden Jahren jemals wieder hinzubekommen, Frontside Tailslides lernte (»Frontside« deshalb, weil ich einen Frontside Ollie machen musste, um mit dem hinteren Teil meines Skateboards auf dem Bordstein zu landen – ich fuhr an, parallel zum Bordstein, die Füße zum Bordstein, poppte einen Ollie und drehte mein Board in der Luft um neunzig Grad gegen den Uhrzeigersinn, gegen den Uhrzeigersinn deshalb, weil ich im »Regular Stance« auf meinem Brett stand, das heißt, mein linker Fuß war auf dem Brett vorne positioniert, während ich beim »Goofy Stance« den rechten Fuß auf dem Brett vorne positioniert hätte und beim Frontside Ollie eine Drehung im Uhrzeigersinn gemacht hätte), wie ich mit dem hinteren Teil meines Skateboards die Bordsteinkante entlangrutschte und erkannte, dass ich ein Geheimnis über das Skateboardfahren entdeckt hatte, eine Erkenntnis gewonnen, unabhängig von der gleichzeitigen Erkenntnis, dass das Skateboardfahren ein Geheimnis über mich entdeckt hatte, das Skateboardfahren hatte nämlich eine Grenze dessen entdeckt, was mit meinem Körper möglich war, und das war es, was das Skateboardfahren jeden Tag entdeckte, und am nächsten Tag entdeckte es eine neue Grenze, eine gewissermaßen weiter gesteckte Grenze, und am übernächsten Tag wieder, ich spüre es noch heute in meinem rechten Fuß beim Sliden über die Bordsteinkante. Und ich erinnere mich, dass ich mit einem neuen Deck skatete, als ich die Frontside Tailslides lernte, wie lange war das her, nachdem mir mein Board in den Graben gefallen war? Ich war kurz davor, Raleigh Hills zu verlassen und zurück nach Livermore zu ziehen, vielleicht hatte meine Großmutter das Geld für das Deck geschickt. Ich weiß noch, dass ich mich lange mit einem Mädchen unterhielt, in einem kleinen Park gegenüber von einem Wohnungskomplex auf dem Hügel über unserem Haus, dem Haus meiner Mutter, über unserer Wohnung, und dass das Mädchen meinte, ihr Freund, Christian, wäre sauer, wenn er wüsste, dass wir uns unterhalten, war das vor oder nachdem mir klar wurde, dass Christian mich hasste, dass er mich verprügeln wollte und auch würde, sobald er die Chance dazu hätte, er war einen halben Kopf größer als ich? Ich glaube nicht, dass ich ein Fahrrad hatte, als ich in Raleigh Hills wohnte, aber ich erinnere mich, dass ich auf dem Parkplatz des Wohnungskomplexes gegenüber vom Park, Christians Wohnungskomplex, oben auf dem Hügel über unserem Haus, dem Haus meiner Mutter, über unserer Wohnung, Fahrrad fuhr und dabei »Quick as Rainbows« von den Kitchens of Distinction hörte, was nicht sein kann, da der Song erst im März 1990 veröffentlicht wurde, Monate nach meiner Rückkehr nach Livermore, aber vielleicht bin ich ein Jahr später oder so auf dem Parkplatz Fahrrad gefahren, nachdem ich mit meiner Großmutter nach Beaverton gezogen war, nah genug an Raleigh Hills, um Raleigh Hills vielleicht mal zu besuchen, um zu sehen, wie sehr es sich verändert hatte, seit ich weg war, die entstandene Lücke zu sehen, um zu leiden unter der Veränderung, zu leiden sogar unter der Veränderung einer Gegend, in der ein Junge wohnte, der mich hasste, vor allem dort, selbst als Teenager, soeben Teenager, vierzehnjährig, suchte ich nach Nostalgie.

Und woher weißt du, wer du bist, wenn du dir nicht sicher sein kannst, wann und wie lange du irgendwo gewohnt hast? Ich weiß noch genau, wie Corey mir in der Schulcafeteria an der Whitford »Like a Daydream« von Ride beschrieb, auch wenn ich gestern, nachdem ich das Release-Datum von »Quick as Rainbows« überprüft hatte, die Unmöglichkeit der Erinnerung festgestellt habe, da nämlich »Like a Daydream« in den USA im Juli 1990 veröffentlicht wurde, im Sommer nach dem Umzug mit meiner Großmutter nach Beaverton und somit mehr als ein halbes Jahr nach der Whitford. Das Kind, für das ich mich lange gehalten hatte, als ich die Whitford besuchte, entwickelte ein Interesse an Britpop, und dazu gehörte auch Ride, Shoegaze, die dicken, verzerrten Gitarrenwände und die meist ruhigen, melodischen Vocals, wobei die Gitarren und Vocals oftmals klangen, als gehörten sie zu unterschiedlichen Songs. Jahrelang habe ich vermutet, dass mein Interesse an Musik, in der die Melodie in Lärm und Chaos untergeht, mit dem zu tun hat, eine Reaktion auf das war, was ich als kleines Kind erlebt hatte, dass mein Interesse an Shoegaze zu einem gewissen Grad der Ausdruck eines Wunsches war, geheilt oder wenigstens getröstet zu werden, dass ich beim Hören von Shoegaze meine Wunden aus der Kindheit konfrontierte und zugleich mit ihnen kommunizierte, aber ungeachtet dessen, was ich geglaubt habe, hatte ich diese Konfrontation und Kommunikation mit meinen Kindheitswunden durch Shoegaze noch nicht begonnen, als ich in Raleigh Hills wohnte, ich war dort nicht das Kind, für das ich mich gehalten hatte, und heute ist mir klar geworden, dass ich die Erinnerung an den Moment, als Corey mich mit »Like a Daydream« bekannt machte, was tatsächlich geschah, nur nicht auf der Whitford, kurz nach meinem Umzug nach Beaverton nahmen wir Kontakt auf, und es war auch nach der Whitford, dass Corey die Winona-Ryder-Aufkleber für unsere Skateboards druckte, dass ich die Erinnerung, wie Corey mich mit »Like a Daydream« und somit mit Ride bekannt macht, einer Band bestehend aus weißen Musikern (auch Corey war weiß – alle meine Freunde aus der Kindheit waren weiß, bis auf ein Mädchen, Tanesha, das ich kurzzeitig in Livermore kannte, in den Monaten, bevor ich nach Raleigh Hills zog, doch als meine Großeltern dahinterkamen, dass sie schwarz war, verboten sie mir den Umgang mit ihr, und ich gehorchte), auf eine tatsächliche Erinnerung packte, wie Corey mich mit einem schwarzen Musiker bekanntmachte, als wir zusammen auf der Whitford waren, Sir Mix-a-Lot, mit seinem Debütalbum *Swass*, vor allem mit dem Song »Buttermilk Biscuits (Keep on Square

Dancin')«, ich erinnere mich, dass Cory die Kassette mit zur Schule brachte und dass wir sie uns in der Mittagspause anhörten, draußen, kann aber sein, dass er den Song in der Cafeteria zum ersten Mal erwähnte, möglich, dass er sagte, denn müsse ich mir unbedingt anhören, es sei ein lustiger Song. Ich konnte damals nicht in Raleigh Hills gewohnt haben, in der Zeit, an die ich mich erinnerte und noch heute erinnere, und so konnte ich nicht das Kind gewesen sein, an das ich mich erinnerte und noch heute erinnere, das Kind, das ich während meiner Zeit dort zu sein glaubte.

Dein Verhältnis zu dir selbst ist auf eine Art retrospektiv – sicherlich in vielerlei Hinsicht –, wie es dein Verhältnis zu anderen nicht sein kann. Deine Treue zu Freunden und geliebten Menschen bringst du hauptsächlich in Echtzeit zum Ausdruck, in Situationen, in denen deine Treue auf die Probe gestellt wird, und in geringerem Maße retrospektiv, indem du deinen Erinnerungen an sie treu bleibst, wohingegen du deine Treue zu dir selbst hauptsächlich retrospektiv zum Ausdruck bringst – oder, wenn nicht, ist deine Treue zu deinen Erinnerungen mindestens so wichtig wie deine Echtzeit-Treue zu deiner Vorstellung oder deinen Vorstellungen von dir – da du die einzig mögliche Quelle umfassender Erinnerungen an dich selbst bist, dein inneres Selbst, ist der Verrat, der ein Scheitern oder auch nur eine Veränderung im Hinblick auf dich selbst darstellt, von größerer Bedeutung, als es ein vergleichbares Scheitern im Hinblick auf einen Freund oder geliebten Menschen sein kann. Kein anderer kann dich verraten, wie du dich selbst verraten kannst. Doch für die meisten Menschen steht es fest – kein anderer *wird* dich verraten, wie du dich selbst verrätst. Und das Kind, das ich war, während ich die Whitford besuchte? Ich ersetzte die Erinnerung an einen schwarzen Mann durch eine Erinnerung an weiße Männer, um mir selbst eine Geschichte zu erzählen, um mich selbst zu erkennen, löschte ich meinen Vater aus. Wer bist du, wenn du dir nicht sicher sein kannst, wann und für wie lange du irgendwo gewohnt hast? Wer bist du, wenn du jedes Mal, wenn du dich an dein Leben erinnerst, dein Leben auslöschst?

Und ich erinnere mich, dass ich mich auf der Whitford mit jemandem, mit einem anderen Schüler, anderen Schülern, über meinen Vater unterhalten habe. Endgültig auf die Probe gestellt wird der Erfolg einer Entführung mittels der Frage, ob das entführte Kind, das inzwischen ein Teenager ist, ein dreizehnjähriger Junge, er wird vierzehn, als er von seinen Entführern getrennt ist und zum ersten Mal seit seiner Entführung bei seiner Mutter lebt, endgültig auf die Probe gestellt wird der Erfolg einer Entführung mittels der Frage, ob das entführte Kind seine Entführer schützt, nachdem er sie verlassen hat. Und vielleicht vermutet man zunächst, dass das Schützen seiner Entführer bedeutet, niemandem gegenüber, der nichts mit der Entführung zu tun hat, sein Entführtwordensein zu enthüllen – und diese Annahme ist natürlich richtig, aber wenn sich das entführte Kind bewusst dafür entscheiden muss, sein Entführtwordensein nicht zu enthüllen, ist die Entführung bereits gescheitert. Das entführte Kind muss vor allen Dingen seine Entführer vor sich selbst schützen – es darf ihm nicht in den Sinn kommen, irgendjemandem zu erzählen, dass es entführt wurde, also darf es ihm nicht in den Sinn kommen, dass es entführt wurde. Soll die Abwesenheit derjenigen Person erklärt werden, dem das Kind entführt wurde, empfiehlt es sich, dem Kind zu erzählen, die Person, der es entführt wurde, habe damals entschieden und entscheide weiterhin, das Kind im Stich zu lassen. Meine Großeltern brachten mir nicht bei, meinen Vater zu hassen, um mir seine Abwesenheit erträglich zu machen. Sie brachten mir bei, meinen Vater zu hassen, um seine Abwesenheit für sie ungefährlich zu machen.

Wer klagt den Wolf an, weil er für Nahrung tötet? Wer würde nicht den Wolf anklagen, das Haustier der Familie gefressen zu haben?

Inzwischen war ich alt genug, um zu sagen, ich hasste meinen Vater, ohne diejenigen, denen ich es sagte, zu erschrecken. In den Tagen unmittelbar nachdem ich an der Whitford anfing, während ich unerklärlicherweise beliebt wurde und blieb, führte ich Gespräche mit mehreren anderen Neuntklässlern, in denen ich als Reaktion auf ihre Erkundigungen über meine Eltern vom Hass auf meinen Vater erzählte, immer beiläufig, als ob der Hass auf ihn ein angelernter Reflex sei, der gut und natürlich war, eine Kampfsportart, bei der man sich erst bei einem Angriff als Meister erweist. »Ich habe meinen Vater nie gekannt … Genau, er hat meine Mutter sitzenlassen, entweder zwei Wochen vor meiner Geburt oder während sie im Krankenhaus war … Ich hasse ihn.«

Obwohl ich das Problem damals nicht erkannte, erkenne ich heute, dass ich mit meiner Unfähigkeit, mich mit den Geschichten, die man mir über die Abwesenheit meines Vaters erzählt hatte, auszusöhnen, die Geschichte der Abwesenheit meines Vaters wie eine Wespe im Bernstein konserviert hatte: etwas Verletzendes, das bei genauerer Betrachtung nicht mehr verletzen kann, obwohl man bei seinem Anblick noch immer zurückschreckt.

Endgültig auf die Probe gestellt wird der Erfolg einer Entführung mittels der Frage, ob das entführte Kind lebt. Selbst wenn die Entführer das Kind mit der Absicht geraubt haben, es wie ihr eigenes Kind großzuziehen, scheitert die Entführung, wenn es lebt. Wenn es lebt, wird es hinschauen.

Vielleicht beschloss ich kurz vor meinem Abschied aus Raleigh Hills, vor meinem Rückumzug nach Livermore, vielleicht an dem Tag, bevor ich aufhörte, bei meiner Mutter zu wohnen, dass ich meinen Vater nicht mehr hassen wollte, denn eine Lücke zwischen der Entscheidung und dem, was meine Mutter mir kurz vor meinem Rückzug nach Livermore erzählte, würde Sinn ergeben.

Vielleicht waren es Wochen vor meinem Abschied, vielleicht war es der Morgen, an dem ich aufstand und einen unbekannten Mann auf der Couch im Wohnzimmer schlafen sah. Am Vorabend, als ich zu Bett ging, war meine Mutter nicht nach Hause gekommen, wobei sie mich von der Bar in unserer Straße aus angerufen hatte. Von unserem Haus zur Bar war es ungefähr so weit wie vom Haus in Round Rock zum UtoteM auf der Hügelkuppe, und die Bar lag am Hang eines sanften Hügels, an dem eine Straße entlangführte, und schien sich auf einer dazwischenliegenden Hügelkuppe zu befinden, genau wie sich der UtoteM auf einer Hügelkuppe befunden hatte. Meine Mutter hatte mich von der Bar aus angerufen, um mir zu sagen, dass sie noch nicht so bald nach Hause kommen werde, ich solle ins Bett gehen, und ich ging ins Bett, dreizehn oder vierzehn, aber völlig verängstigt, ich hatte noch nie allein in einem leeren Haus geschlafen, und als ich am nächsten Morgen aus meinem Zimmer kam, sah ich einen fremden Mann auf der Couch liegen und schlafen, und meine Mutter erzählte mir später, er sei zu betrunken gewesen, um nach Hause zu fahren, und vielleicht geschah es da, dass ich, kurz nachdem ich meinen Mitschülern aus der neunten Klasse auf der Whitford von meinem Hass auf meinem Vater erzählt hatte, vielleicht war es dieser Morgen, an dem ich beschloss, dass ich meinen Vater nicht mehr hassen wollte, also hasste ich ihn vielleicht nicht mehr. Aber ob ich beschlossen hatte, dass ich meinen Vater vielleicht nicht mehr hasste, am Tag oder Wochen zuvor, als meine Mutter mir sagte, unter Tränen, sie müsse mir etwas sagen, vor meiner Abfahrt, als sie mir unter Tränen sagte, meine Großeltern hätten mich meinem Vater weggenommen, ohne ihm ein Wort zu sagen, sie vermied dabei das Wort »entführen«, und es ging in meinem Kopf kein Feuerwerk los, es schrillten keine Alarmglocken, und meine Gefühle für meine Großeltern, Gefühle, von denen ich wusste, dass sie nicht halb so stark waren wie die Gefühle, die die meisten Kinder für ihre Eltern zu haben schienen, und meine Großeltern waren nicht meine Großeltern, sondern meine Eltern, meine Gefühle für meinen Großeltern änderten sich nicht, doch als meine Mutter mir sagte, meine Großeltern hätten mich entführt – sie hätte sie nicht aufhalten können, sie sei noch so jung gewesen und noch nicht bereit, Mutter zu sein, und nachdem mich meine Großeltern mitgenommen hatten, sagten sie zu ihr, sie würde mich nie wiedersehen, wenn sie es jemandem erzählte –, als sie mir das sagte, hatte ich bereits beschlossen, dass ich meinen Vater nicht mehr hasste, kein Feuerwerk, keine Alarmglocken, vielleicht hasste ich ihn nicht, aber ich kannte ihn nicht, und meine Mutter war noch immer nicht bereit, mich großzuziehen, und als meine Mutter mir sagte, dass meine Großeltern mich entführt hätten, konnte das, was sie erzählt hatte, keine Rolle spielen. Was ich wusste, konnte ich nicht wissen.

MEINE GROSSMUTTER MEIN ZUHAUSE, MEINE GROSSMUTTER MEIN OHNE

Meine Großmutter verließ meinen Großvater, als ich vierzehn war, und sie und ich zogen von Kalifornien nach Oregon, dorthin, wo ich für wenige Monate bei meiner Mutter gelebt hatte, erst wenige Monate zuvor.

Meine Großmutter verließ meinen Großvater, und sie und ich zogen um, doch als wir nach Beaverton kamen, in unser neues Haus – unweit von Raleigh Hills, drei Meilen –, war mein Großvater dabei.

Unser neues Haus war das vierte Haus in einer Sackgasse, und gleich hinter unserem Haus beschrieb die bis dahin flache Straße eine scharfe steile Kurve, und dort hockte unser Haus wie auf einer Felskante. Wir kamen abends an; zwei oder drei Jungs fuhren Skateboard in unserer Auffahrt, die so steil war, dass sie sie wie eine Quarterpipe benutzten. Ich hatte sie in dem Moment entdeckt, als wir in unsere Straße einbogen, und ich hatte angefangen, in meinem Sitz auf- und abzuhüpfen, im Auto meines Großvaters, welches auch immer er damals fuhr, aber vielleicht fuhr er auch ein anderes Auto, und ich saß im dunkel-bronzefarbenen, viertürigen Isuzu meiner Großmutter, einem Diesel, sie hatte ihn unserem Nachbarn von gegenüber in Livermore abgekauft, einem älteren weißen Mann namens Mr. Black. Alles an ihm war weiß wie Papier, seine Haut, seine Haare, und er trug immer eine Baseballkappe, die Art von Baseballkappe, die Farmer tragen, hinten mit Netz, und er ging gebeugt, und er lebte allein. Wir kamen in der Dämmerung an und parkten vor dem Bordstein vor unserem neuen Haus wie Touristen vor einem Motel. Ich schob die Autotür auf, die Autotür meines Großvaters oder meiner Großmutter, und ließ mein Skateboard auf dramatische Weise auf den Gehweg fallen, bevor ich selbst aus dem Auto stieg. Einer der Jungs sagte etwas wie: »Boah – er skatet«, etwas, in dem neugierige, sardonische Freude mitschwang.

Mein ganzes Leben lang hatte ich in einem zweistöckigen Haus leben wollen, obwohl ich nicht gern Treppen stieg, obwohl ich auf dem obersten Treppenabsatz immer mit dem Gedanken spielte, mich in die Tiefe zu stürzen, obwohl ich, wenn ich den Gedanken überwunden hatte und anfing, treppab zu gehen, immer Angst hatte, zu stolpern und die Treppe herunterzufallen. Ich hatte das neue Haus noch nicht gesehen, und meine Großeltern hatten es mir nicht beschrieben, und obwohl ich nichts dazu gesagt hatte, hatte ich auf der ganzen langen Fahrt von Livermore nach Beaverton gehofft, dass es sich bei dem neuen Haus um ein zweistöckiges Haus handeln werde. Aber das Haus auf der Felskante war ein Bungalow, doch es sah aus, als wäre es mal ein Akkordeon gewesen und zusammengedrückt worden, nur nicht fest genug, um sich mit dem Riemen schließen zu lassen – es sah aus, als diente es einem Zweck, für den es nicht gebaut war, nämlich, meine Großmutter und mich ohne mein Großvater zu beherbergen.

In den Brachen gegenüber unserem Haus und ein Stück bergab, in den grasbewachsenen Brachen dort, die größer waren als die Grundstücke mit den Häusern in der Sackgasse, wo aber kein Stück Boden flach genug, kein Stück Boden unaufgewühlt genug war, um den Bau eines weiteren Hauses zu ermöglichen, die Brachen, gleich hinter denen ein lichter Wald mit weit auseinanderstehenden Bäumen auf beiden Seiten eines schmalen Flüsschens war, der Wald, in dem ich stand, ein paar Monate bevor meine Großmutter und ich von Beaverton nach Salem zogen, wo ich zum dritten Mal mein Leben von vorn anfangen musste, das vierte Mal, wenn man die drei oder vier Monate bei meiner Mutter in Raleigh Hills mitzählt, als ich dreizehn und dann vierzehn war, wobei das gar nicht schlecht gewesen war, ich war zum ersten Mal in meinem Leben anhaltend beliebt dort an der Schule, obwohl ich derselbe sehnsüchtige, naturgemäß unbeliebte Mensch war, der ich vor meinem Umzug dorthin gewesen war – der Raum um mich herum hatte sich verändert, in Raleigh Hills waren die Tage kühler, der Himmel grauer und die Leute, die Schüler an der Mittelschule zumindest, die neunte Klasse gehörte in Raleigh Hills noch zur Mittelschule, wogegen sie in Livermore schon zur Highschool gehörte, die Schüler in Raleigh Hills waren introvertierter als die Schüler in Livermore, und ich passte besser in den neuen Raum, als ich in vorige Räume gepasst hatte – zum fünften Mal musste ich mit meinem Leben von vorn anfangen, wenn man meine Geburt mitzählt, wenn man den Tod als Ausgangsposition betrachtet, in den grünen Brachen, wo das Gras in Form von Flecken wuchs, die gerade weit genug auseinanderlagen, dass der Magerrasen, den sie in Gänze bildeten, kränklich wirkte, hatten die ansässigen Skater – es gab eine Zeit, da fuhr jedes Kind aus unserer Sackgasse Skateboard, und auch wenn der ein oder andere aufgehört hatte, skateten immerhin noch zwei, Aaron, drei Jahre jünger als ich, und Mark, ein Jahr jünger als ich, sowie ein weiterer Junge aus der Nachbarschaft, James, drei Jahre älter als ich, der in einer kleineren Sackgasse ein paar Blocks weiter wohnte – in den grünen Brachen hatten die Skater aus der Nachbarschaft eine Halfpipe gebaut, eine Minirampe, 1,50 hoch und 2,50 breit, aber sie hatten sie an einem Gefälle gebaut, und so war die Rampe uneben, und so war die Rampe unbefahrbar. Aber wäre sie auf flachem Grund gebaut worden, wäre die Rampe ideal gewesen, die Rampe in den grünen Brachen gegenüber unserem

Haus, das selbst so aussah, als diente es einem Zweck, für den es nicht gebaut war, nämlich, meine Großmutter und mich ohne meinen Großvater zu beherbergen.

Aaron, drei Jahre jünger als ich, wohnte in einem Haus ein Stück bergab, zwei Häuser weiter, zusammen mit seiner jüngeren Schwester, seiner Mutter und deren Freund; Mark, ein Jahr jünger als ich, wohnte zusammen mit seiner jüngeren Schwester, seiner Mutter und seinem Stiefvater im Haus gegenüber. Marks Auffahrt hatte ein leichtes Gefälle, und oft poppte ich dort meine Frontside 360 Ollies oder übte meine Frontside Bigspin Heelflips – Tricks, die mich erst etwas näher an seine Haustür brachten, während ich mich drehte und mein Brett sich drehte und manchmal flippte und mich dann behutsam wegzog, langsam den sanften Abhang hinunter –, bevor ich bei ihm an der Haustür klopfte.

Ein paar Jahre, nachdem ich anfing, Skateboard zu fahren – es war mir von Anfang an ernst damit; ich dachte, ich würde Profi-Skater werden; ich dachte, ich hätte mein Leben gefunden –, wurde mir klar, dass ich nicht genau wusste, wie lange ich eigentlich schon skatete. Ich *dachte*, ich hätte 1987 am ersten Weihnachtstag angefangen, mein zweites Weihnachten in Livermore, als ich zwölf Jahre alt war. Irgendwer, wahrscheinlich meine Großmutter, hatte mir ein rotes Variflex-Plastikskateboard geschenkt, die Schachtel wird groß gewesen sein, vielleicht war es das erste Geschenk, das ich auspackte, und nachdem die familiären Weihnachtsrituale vorbei waren, ich erinnere mich nicht, worin sie bestanden, ich erinnere mich an keinen einzigen Morgen eines ersten Weihnachtstages, aber ich erinnere mich noch, dass ich meistens auf jemanden warten musste, dass ich warten musste, dass die Person, auf die ich jedes Mal warten musste, morgens aufstand, doch ich erinnere mich nicht mehr, wer diese Person war, dabei waren wir nur zu dritt im Haus, ich, meine Großmutter und mein Großvater, und ich kann mir nicht vorstellen, dass es meinen Großvater gekümmert hätte, ob ich morgens auf ihn wartete oder nicht, also musste ich wohl auf meine Großmutter gewartet haben, aber sie stand früh auf, ich erinnere mich, dass sie sehr früh aufstand, für gewöhnlich um fünf Uhr morgens, oder war das erst, nachdem sie schon fortgeschritten dement war, nachdem Teile von ihr verschwunden waren, allerdings so langsam, dass es mir nicht aufgefallen war, nachdem sie angefangen hatte zu horten, erinnere ich mich, dass sie jeden Tag früh aufstand, um fünf, und hellwach war, schlagartig, ich wurde immer um vier wach, also bekam ich es mit, als müsste sie dringend irgendwohin, als liefe sie vor irgendetwas weg – nachdem die familiären Weihnachtsrituale vorbei waren, ging ich nach draußen mit meinem neuen Skateboard, das, ungewöhnlich für ein Plastikskateboard, fast die gleichen Maße hatte wie die damals üblichen Skateboards aus Holz, es war 23 cm breit und 50 cm lang, während die meisten hölzernen Boards 25 cm breit und 76 cm Zentimeter lang waren, und ich versuchte damit vom Gehweg vor unserem Haus zu fahren, vom Gehweg auf die Straße zu jumpen, aber beim Landen auf der Straße blieben die hinteren, billigen gelben Plastikrollen dort hängen, wo der Beton des Gehwegs auf den Asphalt der Straße traf, ein etwa 30 Zentimeter breiter Betonstreifen schmiegte sich an den Bordstein und der Asphalt war ungefähr drei Zentimeter höher als der Beton, aber ich war noch nie Skateboard gefahren – außer auf dem größtenteils olivgrünen Glasfaserskateboard mit hawaiianischem Aufdruck, Palmen und Strand und Meer, das ich als Fünfjähriger gefahren war, doch das Brett war alt und das Bild verdreckt und verschwommen, also sah es aus wie eine Landschaft bei Sturm –, also war mir nicht klar, dass diese drei Zentimeter gefährlich waren, und die hinteren Rollen blieben hängen, und das Board bremste ab, als hätte es jemand von hinten gepackt, und ich fiel auf die Straße und schürfte mir das linke Knie auf und verletzte mir die linke Hüfte, nicht schlimm, aber ich humpelte weinend zurück ins Haus. Dann geschah im Haus, was immer im Haus geschah, und kurze Zeit später ging ich wieder nach draußen und rollte erfolgreich vom Gehweg und rollte auf die andere Straßenseite.

Aber ein paar Jahre, nachdem ich anfing zu skaten, kam mir der Gedanke, dass ich unmöglich mit zwölf angefangen haben konnte – zwölf kam mir zu jung vor –, aber jedes Mal, wenn ich in der Erinnerung mein

Alter auf dreizehn korrigierte, schien mir dreizehn zu alt. Manchmal dachte ich sogar, aber immer nur hier und da für einen Moment, ich hätte 1986 am ersten Weihnachtstag angefangen, als ich elf war, am Ende des Skateboardbooms der Achtzigerjahre, aber das kann nicht sein, 1986 am ersten Weihnachtstag war ich ja gerade erst nach Livermore gekommen, nicht am Tag selbst, aber annähernd an dem Tag, oder annähernd im Dezember, und ich fing erst an zu skaten, als ich schon ein paar Monate in Livermore wohnte, vielleicht sogar schon ein Jahr, ich erinnere mich, wie ich meiner Großmutter in einem Target, in dem ich mich auskannte, das Skateboard zeigte, das ich als erstes Skateboard haben wollte, ein Jeff Jones pro, ein Variflex wie das rote Plastikboard, aber aus Holz. Obwohl ich seit Jahren traumatische Erinnerungen verdrängt hatte, war die Erinnerung an meinen ersten Tag auf dem roten Variflex die erste ungetrübte, ja glückliche Erinnerung, trotz der Verletzung, soweit ich mich erinnere, bin ich mir ziemlich sicher, dass diese Erinnerung die erste nicht-traumatische Erinnerung war, die sich mir nachhaltig unbeständig einprägte. Ich muss ungefähr fünfzehn gewesen sein, als mir meine Sicherheit in dieser Hinsicht abhandenkam, vielleicht sechzehn, noch ein Kind, und es war kein Alzheimer oder ähnliches im Spiel, das mein Hirn verzehrte, das mir Löcher ins Hirn kaute, noch ein Kind.

Mark und ich fingen sofort an, gemeinsam zu skaten, und so wurden wir sofort Freunde. Er war nie mein bester Freund – mein bester Freund war immer noch Corey, trotz der Trennung, nachdem ich Raleigh Hills verließ und wieder nach Livermore zog –, aber Mark war ein guter Freund und ein fast so guter Skater wie ich, und er und ich skateten auf dieselbe Art, kraftstrotzend, große Ollies.

Mark war der einzige Freund aus Beaverton, mit dem ich nach dem Umzug von meiner Großmutter und mir nach Salem, kurz bevor ich sechzehn wurde, Kontakt hielt, wobei ich nur ein paar Monate lang Kontakt mit ihm hielt, aber er und ich poppten zum ersten Mal überhaupt einen Ollie über eine aufrecht stehende Mülltonne, im Gegensatz zur liegenden Mülltonne, ein Trick, den ich ohne ihn nie ausprobiert hätte, gemeinsam auf der Straße vor dem Fertighaus in der Sackgasse voller Fertighäuser in Salem, wohin meine Großmutter und ich vielleicht einen Monat zuvor gezogen waren.

Am Morgen nach meiner Ankunft in Beaverton, an einem Samstag, nachdem ich vielleicht geduscht hatte, aber eher nicht, ich hatte noch nicht angefangen, jeden Morgen zu duschen, sicherlich nach dem Frühstück, Haferflocken? rannte ich über die Straße und klopfte an die Haustür, die fast im selben Moment von seiner Mutter geöffnet wurde.

»Ist Mark da?«

»Mark! Dein Freund ist hier!«

Und Mark rannte aufgeregt an die Tür, er wird ungefähr dreizehn gewesen sein, er trug eine Brille, er war der erste Skater, den ich mit Brille skaten sah, und er hatte kurze braune Haare und blasse Haut, und er war ein Stück kleiner als ich, und ich fragte: »Hast du Lust zu skaten?«

Und er sagte: »Ich hol nur mein Board. Komm rein.« Und ich folgte ihm zu seinem Zimmer und warf einen schnellen Blick hinein, die Wände waren weiß und nackt – ich war zum ersten Mal bei ihm im Haus –, während er sich sein Board schnappte, dann machten wir kehrt und gingen, und ließen unsere Boards auf dem Gehweg vor seiner Haustür fallen und rollten die Auffahrt hinunter, aber am Ende der Auffahrt nahmen wir unsere Boards in die Hand, um steil bergab zu Aaron zu laufen.

Aber Aaron konnte nicht. Er hatte gerade Stress, und als er an die Tür kam, sah ich, dass seine Augen rot waren, das Wohnzimmer hinter ihm schwarz, ich sah es zum ersten Mal, zum ersten Mal sah ich Aaron bei Tageslicht. Er war mehr als einen Kopf kleiner als ich und hatte lange rote Haare, fast orange, aber ein menschliches Orange, kein Orange wie eine Warnweste oder das Innere der Frucht, deren äquatoriales Grün in Form von Flecken auf der Schale gelegentlich sogar bis in nördliche Gefilden wie Beaverton gelangte, und er hatte Sommersprossen, und seine Haut war blasser als die von Mark, und jetzt, wo ich darüber nachdenke, weiß ich nicht, ob in unserer Nachbarschaft noch andere Schwarze wohnten, aber eine koreanisch-amerikanische Familie wohnte um die Ecke, und ich fragte mich, dort bei Aaron vor der

Tür, knapp hinter Marks rechter Schulter, ob Aarons Stress damit zu tun hatte, dass ich schwarz war, ich glaubte einen komischen Blick im Gesicht seiner Mutter gesehen zu haben, als sie an die Tür kam, einen Blick, der meinen Großeltern zufolge bedeutete, dass mich die Person, die mich ansah, durchschaut, aber hatte ich mir diesen Blick nicht nur eingebildet?

Mark sagte: »Das ist ja scheiße. Was ist passiert?«

Aaron schnüffelte und sagte: »Ich will nicht drüber reden. Ich kann morgen wieder skaten«.

Ich sagte gar nichts.

Mark sagte: »OK, bis morgen«, und Mark und ich sagten Tschüss und pushten und liefen wechselweise wieder bergauf, wir pushten unsere Boards, hätten wir aufgehört zu pushen und uns auf unsere Boards gestellt, hätten wir sofort angefangen, bergab zu rollen, und Aaron muss sich umgedreht haben und zurück ins Haus gegangen sein, muss die Tür hinter sich zugezogen haben, möglich, dass er sich sofort umdrehte, möglich, dass er uns davonskaten sah.

Oben auf dem Hügel ließen Mark und ich unsere Boards auf die Straße fallen, wir waren die letzten paar Meter in etwa gelaufen, über die Kuppe, und pushten wieder, aber eigentlich ging es nirgends hin, wir skateten vor dem Haus meiner Großmutter auf dem Bordstein, fuhren an und poppten unsere Ollies, drehten uns um 90 Grad und flogen darauf zu, um auf der Bordsteinkante zu landen, zwei Rollen auf dem Gehweg, zwei Rollen auf der Bordsteinkante, den Rücken zur Straße, und von dieser Position aus versuchten wir das Board zurück zur Straße zu drehen und wieder auf dem Board zu landen, während das Board auf der Straße landete, und dann wegzurollen – Frontside Ollie to Axle Stall to 360 Frontside Shove it out, aber es war eigentlich kein 360 shove it, da wir uns schon um 90 Grad gedreht hatten, als wir vom Ollie in den Axle Stall sind, es war ein 270 Shove it, aber das sagte man nicht, kein Mensch nannte den Shove it beim Namen, der die Wahrheit sagte über das, was er war, alle nannten ihn beim Namen, der die Wahrheit über das sagte, was er sein sollte, jeder 360 Ollie, den ich bei Mark in der Auffahrt machte, war eigentlich ein 270 Ollie, ich schaffte nie eine ganze Umdrehung, jeder Bigspin Heelflip war ein 270, und ich landete auf den Hinterrollen und drehte mich dann die restlichen 90 Grad. Mark und ich, und Aaron und ich, und Mark und Aaron und ich, wenn wir alle zusammen waren, jumpten und drehten uns gemeinsam, und wenn ich sah, wie sich ihre weißen Körper drehten, nannte ich die Tricks, die sie machten, beim Namen der Tricks, die sie gern gemacht hätten, aber auch sie nannten die Tricks, die ich machte, beim Namen der Tricks, die ich gern gemacht hätte, als wäre mein Körper genau wie ihre Körper der Anfang eines Wunsches, der in Erfüllung ging, als würde sich mein Körper drehen wie ihre, als sähen sie den Unterschied zwischen uns nicht.

Am Montag kehrte ich auf die Mittelschule zurück, nachdem ich ein paar Monate in Livermore die Highschool besucht hatte, nach ein paar Monaten Mittelschule in Raleigh Hills, nach all den Monaten in der neunten Klasse. Ich war beglückt gewesen, ich war neu, aber beliebt gewesen auf der Whitford in Raleigh Hills, und an der Livermore High School hatte ich mich elend gefühlt, ich war alt und aktiv unbeliebt gewesen, und nun sollte ich an der Five Oakes Middle School in Beaverton das Schuljahr beenden, wo ich wieder neu wäre, und wieder ein Niemand.

Five Oakes war eine eher kleine Schule, ich erinnere mich an eine eher kleinere Schule, nicht so groß wie die Forest North, die Grundschule, die ich vor gefühlt zwanzig Jahren in Round Rock besucht hatte, aber während Forest North jenseits eines Flüsschens, eines Schlossgrabens lag, kann ich mir die Five Oakes nur am Grund einer Grube vorstellen.

Doch eine Grube im westlichen Oregon, eine so grüne, eine goldene Grube mit mehreren leuchtend grauen Serpentinen, die zum Grund führten, die die Bewegung von Wasser in einem Abfluss nachzuahmen schienen, ondulierend und sich auf dem Weg hinunter verflechtend, wobei das Gold kein Sonnenlicht war, sondern Weizenschwaden, die unmöglich dort gewesen sein konnten, obwohl ich sie vor Augen habe, wenn ich die Schule heraufbeschwöre – wie ein Gemälde von Grant Wood, in denen die Hügel aussehen, als würden sie sich gleich in Form von einzelnen grünen und goldenen Luftblasen von der Landschaft abspalten und entschweben. Aber vielleicht erinnere ich mich nicht richtig an die Five Oakes – vielleicht lag die Schule auf der gerundeten, fast flachen Kuppe eines sanften Hügels, oder sie stand inmitten einer kleinen grünen Ebene, linksseitig flankiert von modifizierten Industriegebäuden, Werfthallen am Ufer zu beiden Seiten der Landungsbrücken, wo ich irgendwann skaten sollte, ich erinnere ich mich an die Ufer, die Gebäude, wobei ich nicht mehr weiß, wie weit sie von der Five Oakes entfernt waren, und an ein diffuses Wohngebiet auf der rechten Seite. In letzter Zeit, und jeden Tag ein bisschen mehr, erscheint mir die Erinnerung wie ein Zauber, mit dem ich mich selbst belegt habe – einige Details kann ich recherchieren, ohne den Zauber zu brechen, etwa, ob ich die passende Beschwörungsformel kenne, und andere kann ich nicht recherchieren, zum Beispiel, ob Zauberei etwas Reales sei. Wenn ich recherchiere, wie es an der Five Oakes aussah, höre ich vielleicht auf, den Ort meiner Erinnerung zu sehen; das Wenige, an das ich mich erinnere, könnte sich in Luft auflösen – wenn ich meine Erinnerungen behalten will, kann ich mir nicht sicher sein, ob ich mich richtig erinnere. Dasselbe gilt wohl für die meisten Menschen, als Spielart desselben Phänomens, wobei für die meisten Menschen die Erfahrung dessen hoffentlich weniger extrem ist. Aber vielleicht ist die Erfahrung ja doch genauso extrem, noch extremer sogar für manche, die ihre schmerzhaftesten Erinnerungen verdrängt haben. Doch auch das Gehirn scheint einen Geschmack dafür zu entwickeln, Erinnerungen zu verschlucken, und in die, die sie nicht als Ganzes verschluckt, beißt sie Löcher hinein – die Korrektur einer Erinnerung mittels fotografischer Beweise zum Beispiel habe ich erfahren, und mehr als einmal habe ich es nicht als Augenblick der Genugtuung empfunden, sondern als Augenblick plötzlichen Hungers. Meine Großmutter fuhr eine Serpentinenstraße hinunter in die Grube, parkte den Isuzu auf dem Besucherparkplatz der Five Oakes und ging mit mir durch die blaue Eingangstür und durch die blaue Doppeltür links in den Verwaltungstrakt. Ich saß auf einem Plastikstuhl in einer Reihe von Plastikstühlen, die an einer langen Metallleiste festgenietet waren; meine Großmutter ging an den hohen Empfangstisch der Sekretärin, der eher an eine Imbisstheke oder einen Bartresen erinnerte, ein Viertel Theke oder ein Viertel Tresen, ohne den Rest, und erklärte, wer wir seien und was wir wollten, erklärte, dass es mein erster Tag sei und sie mich anmelden wolle.

Manchmal, nicht oft, als ich ein Kind war, sogar an meinem ersten Tag an der Five Oakes, als ich schon älter war, vierzehn, noch immer ein Kind, aber zu alt, um den größten Vorteil der Kindheit zu genießen, nämlich reine hemmungslose Freude, ein Alter, in dem der wichtigste verbleibende Nutzen der Kindheit damit zu tun hat, ob man als Erwachsener auf die Probe gestellt würde, manchmal, wenn meine Großmutter und ich in einer amtlichen Umgebung waren, im Sekretariat der Five Oakes zum Beispiel, hatte ich die Fantasie, meine

Großmutter würde der Sekretärin gestehen, dass ich ein entführtes Kind sei und dass sie mich zurückgeben wolle – bis kurz vor dem Rückumzug von Raleigh Hills nach Livermore hatte ich nicht gewusst, dass meine Großeltern mich entführt hatten, aber solange ich mich erinnern kann, habe ich das Gefühl gehabt, nicht ganz und gar zu ihnen zu gehören. Doch in der Fantasie war sie nicht die Entführerin – in der Fantasie begriff ich, dass sie am Ende ungeschoren davonkommen würde –, und in der Fantasie wusste sie nicht, wem ich zurückgegeben werden sollte, und ich auch nicht. Dort auf meinem Platz auf dem Plastikstuhl in der Reihe ansonsten leerer Plastikstühle im Sekretariat der Five Oakes wusste ich nicht, wem ich zurückgegeben werden sollte. Meine Großmutter hieß mich aufstehen, die Sekretärin werde mich zur Beratungslehrerin bringen, bevor es in den Unterricht gehe, und sie selbst werde nach Hause fahren. Nachdem meine Großmutter das Zimmer verlassen hatte, sah mir die Sekretärin in die Augen, streckte einen Arm in Richtung der anonymen Tiefen des Verwaltungstrakts aus, winkte mich mit dem anderen zu sich heran und sagte: »Shane« – doch sie sagte es, als wäre mein Name eine Frage, als ob sie, obwohl sie gerade mit meiner Großmutter über mich geredet hatte, nicht wisse, wer ich sei – »kommst du bitte«.

Die Sekretärin führte mich zum Büro der Beratungslehrerin, einer Tür in der hintersten Wand im Herzen der Verwaltung, der linken Herzkammer, neben der rechten, wo ein anderer Beratungslehrer sein Büro zu haben schien, wobei ich an irgendeinem Punkt im Gespräch mit der Beratungslehrerin, deren Namen ich nicht mehr weiß, obwohl ich ihn auf dem Plastikschild in Holzoptik an der geschlossenen Tür gesehen hatte, als die Sekretärin darauf zuging, um anzuklopfen, an irgendeinem Punkt in unserem Gespräch wurde mir zu verstehen gegeben, dass auch das andere Büro von der Beratungslehrerin genutzt wurde, die rechte Kammer, für Termine mit anderen Schülern, den Sportlern, glaube ich, sagte sie, wobei, was heißt schon Sportler auf einer Mittelschule wie der Five Oakes, wobei ein anderer Name auf dem Plastikschild mit der Holzmaserung stand als an der Tür des anderen Büros, der geschlossenen Tür des Herzens. Die Sekretärin klopfte an und sagte den Namen der Beratungslehrerin, ihren Vornamen, wieder eine Frage, aber eine Frage, mit der sich die Sekretärin anscheinend wohler fühlte, und ein paar Sekunden später öffnete eine lächelnde blonde Frau die Tür und schien mit dem Kopf zur gleichen Zeit zu winken und zu deuten, und sie sagte: »Herein.« Die Sekretärin drehte sich weg, und ich betrat das Büro der Beratungslehrerin.

Dann passierte das, was im Büro der Beratungslehrerin passierte. Wir müssen wohl ein Gespräch geführt haben, ich war dort, um mir etwas erzählen zu lassen, ein Gespräch zwischen einer Erwachsenen und einem Kind, wir müssen geredet haben, denn ich erinnere mich, dass die Beratungslehrerin kurz vor dem Ende des

Gesprächs einen Ton anschlug, der strenger war, als ich ihn einem Menschen zugetraut hätte, der mich gerade erst kennengelernt hatte, außer er hätte mich gerade beim Ladendiebstahl erwischt: »Guck mich an, wenn ich mit dir rede.«

Und gerade eben habe ich versucht, mich an meine genaue Reaktion zu erinnern, vergebens, aber ich wusste noch, welche Information ich mit meiner Reaktion hatte vermitteln wollen. Dieser Dialog scheint mich immer zu begleiten, immer knapp unter der Oberfläche einer Vielzahl einzelner Erinnerungen, von denen jeden Moment eine einfach auftauchen könnte, die meisten peinlich, manche scheinbar unwichtig wie diese Erinnerung – ich glaube, sie ist unwichtig, aber bislang hatte ich immer gedacht, ich erinnerte mich an das, was ich auf den Befehl der Beratungslehrerin hin sagte, was genau ich sagte, oder wenn nicht genau, dann zumindest an genug von dem, was ich sagte, dass es wie ein Arm wäre, der aus dem Tümpel der Erinnerungen winkt, nur ein Arm ohne sichtbaren Körper, aber so, dass ich ihn packen und den Körper dieses bestimmten Teils der Erinnerung herausziehen könnte, den Körper dessen, was ich gesagt haben könnte, einen Körper der Möglichkeiten. Bis jetzt, vor diesem Moment, wo ich gerade versucht habe, mich an meine Reaktion auf die Worte der Beratungslehrerin zu erinnern, hatte ich Zugang zu einer zumindest plausiblen Version dieses vergangenen Ichs zu haben geglaubt, wobei ich natürlich nicht mehr weiß, was ich an dem Tag anhatte und nicht mehr weiß, ob ich schon Akne hatte, was wohl den überwiegenden Teil meiner Teenagerjahre der Fall war, wobei sie erst richtig schlimm wurde, als ich fünfzehn war, ein Jahr später, würde man mir also einen Packen unbeschrifteter Fotos von mir als Teenager vorlegen, wäre ich nicht in der Lage, dasjenige Foto herauszusuchen, auf dem ich eher vierzehn war. Ich habe keinen Zugang zu demjenigen, der ich damals war, ich weiß nur noch, dass mich der Tonfall der Beratungslehrerin schockierte, ihr wütender, eiserner Befehlston, und sofort merkte ich, wie meine Augen durch den Raum schossen, an keinem Gegenstand hängen blieben, ich erinnere mich an keinen einzigen Gegenstand, allenfalls einen beigefarbenen Aktenschrank, vielleicht eine blaue Schleife, vielleicht das Bild eines Mädchens in Reitsachen, das neben einem Pferd steht. Aus dem Mädchen hätte alles werden können. Wahrscheinlich kennt sie noch immer den Namen des Pferdes, das Pferd ist spezifisch, und selbst wenn das Mädchen der Frau, zu der das Mädchen geworden ist, nicht mehr spezifisch erscheint, würde sie beim Blick auf das Foto noch wissen, wer sie damals war, vermutlich weiß sie noch, welcher Tag es war, und wer sie selbst an dem Tag war. Ich war geschockt, und ich sagte zu der Beratungslehrerin, ich hätte zugehört, ich sagte ihr, ich könne besser zuhören, wenn ich meinem Gegenüber nicht in die Augen sähe. Dann entließ mich die Beratungslehrerin, und ich ging.

Während unseres Gespräches muss mir die Beratungslehrerin erklärt haben, wohin ich nach unserem

Gespräch gehen müsste, denn ich glaubte beim Verlassen des Büros, ich fände mich zurecht, obwohl es mein erster Tag an der Five Oakes war. Ich verließ das Büro der Beratungslehrerin und ging denselben Weg zurück, den ich gekommen war, durch die Tiefen des Verwaltungstrakts zurück zum Empfangstisch der Sekretärin, wo ich die Sekretärin nach dem Weg hätte fragen können, den mir die Beratungslehrerin bereits erklärt hatte, nicht weil ich der Beratungslehrerin nicht zugehört hatte, während ich den Blick durch ihr Büro schweifen ließ, sondern weil ich nervös war. Ich trat durch die blaue Doppeltür des Verwaltungstrakts, wahrscheinlich nur durch eine der Doppeltüren, wahrscheinlich die rechte Tür, in die Eingangshalle der Schule, dann ging ich nach links und begann auf das nahende Ende dieser spezifischen Erinnerung an meinen ersten Tag an der Five Oakes zuzugehen, hinter der eine generelle Erinnerung an alle meine Tage auf der Five Oakes lag. Ich bin überzeugt, dass ich anfing, die Five Oakes zu vergessen, noch während ich dort war; immer wenn ich sie heraufbeschwöre, scheinen meine Erinnerungen an die Five Oakes aus irgendeinem Winkel vor meinem geistigen Auge aufzutauchen, in dem keine anderen Erinnerungen sind, einem Winkel, von dem keine Brücken oder Gänge abgehen, wogegen meine anderen Erinnerungen durch fühlbare Lücken miteinander verwoben zu sein scheinen, fühlbar auf die Art, wie alles in unseren Köpfen fühlbar erscheint – in *meinem* Kopf zumindest –, eine fühlbare Möglichkeit, auf dieselbe Art, wie man sich das Gefühl eines Türknaufs vorstellt und den Türknauf in seiner Hand spürt.

Vom Verwaltungstrakt aus ging ich in meine erste Stunde, die schon angefangen hatte. Meine Großmutter hatte geglaubt, mich früh genug in der Schule abgeliefert zu haben, damit ich im Anschluss an die vorgeschriebene Anmeldung vor Unterrichtsbeginn rechtzeitig in den Unterricht käme, doch meinen Besuch bei der Beratungslehrerin hatte sie nicht vorhergesehen – dennoch, der Parkplatz und die Schule selbst hatten ruhig gewirkt, inaktiv, obwohl der Besucherparkplatz voll war, die Besucher waren irgendwo versteckt, aber beschäftigt, wer ist jemals beschäftigter als ein Besucher, in der scheinbar ruhigen, inaktiven Schule. Der Unterricht fand in einem Klassenraum statt, der auf der linken Seite des Gebäudes lag – von mir aus links gesehen, der ich aus der Richtung des Verwaltungstrakts kam, rechts, sofern man die Vorderseite des Gebäudes als sein Gesicht betrachtet, die Fenster in der Eingangstür als seine Augen, den Blick auf das andere Ende der Grube, in der es stand, oder den Blick über die Niederungen, von der Hügelkuppe aus gesehen, die sicherlich vor Jahren durch Maschinen abgeflacht worden war, um die Lage zu ermöglichen, oder den Blick über die geschäftige Ebene, in deren Mitte es lag –, es war das mittlere Klassenzimmer in einer Reihe dreier Klassenzimmer, die durch Türen verbunden waren, ähnlich den Verbindungstüren zwischen Zimmern im Hotel, wobei ich mich auch erinnere, dass jedes Klassenzimmer nur drei Wände hatte und zur Flurseite hin offen war, ging schneller so, da man keine Tür brauchte und nicht aus dem Zimmer und um die Trennwände herumzugehen brauchte, man konnte einfach durch die Tür von einem Zimmer ins nächste gehen. Ich muss mich der Lehrerin vorgestellt haben, die mir eine leere Bank in der ersten Reihe der Bänke zugewiesen und mich dann der Klasse vorgestellt haben muss, und nachdem ich mich vorgestellt hatte, erfolgte der Austausch zwischen mir und dem Rest der Klasse, der mit meiner Verwirrung über das Gelächter meiner neuen Mitschüler endete. Den ganzen Morgen hatte ich das Gefühl, in eine Kindheit zurückzukehren, die ich verlassen hatte, und nun bestätigte sich das Gefühl, dieselbe Verwirrung, dasselbe Gelächter.

Mit elf gab ich mein Leben auf. Jeden Morgen Verweigerung, jeden Nachmittag, und dann Schlaf. Vor unserem Umzug nach Livermore wollte ich nicht, dass mein sich Leben ändert – ich hatte Round Rock nicht verlassen wollen, meine Freunde –, und nachdem es sich geändert hatte, wollte ich mein Leben nicht mehr. Als ich sieben oder acht war, ging mir auf – und der Gedanke kam mir mit der Kraft einer Offenbarung; wenn ich jetzt an den Moment denke, muss ich da wohl zum ersten Mal das Gefühl gehabt haben, wie es heute ist, wenn ich heute auf etwas stoße, das zumindest beim Aufschreiben wie eine Einsicht erscheint, ein herrliches

Gefühl, der Körper strahlt von innen –, da ging mir auf, dass jede körperliche Wahrnehmung eine Form von Schmerz war, dass selbst angenehme Gefühle Warnungen waren. Als mir der Gedanke kam, saß ich rittlings auf einem Ast des kleineren der beiden Bäume in unserem Garten, oder ich kletterte gerade den Baum hinauf oder hinunter – ich hatte mit Ästen zu tun. Damals kam mir der Gedanke meines immerwährenden Leidens nicht traurig vor – alle litten doch immerwährend, und dennoch schienen manche Menschen glücklich zu sein, zumindest war mir die Vorstellung, dass manche Menschen glücklich waren, meist unvorstellbar. Doch heute wird mir klar, dass ich angefangen hatte, mir einzureden, es sei in Ordnung, immerwährend zu leiden, und obwohl sich der Moment anfühlte wie ein Moment der Akzeptanz, hatte ich mir den Weg geebnet, um nicht nur Schädliches zu verweigern, sondern schlichtweg alles. In Livermore begann ich, mit Hingabe die Schule zu verweigern, in der Schule zu performen, wobei ich bereits nach meinem letzten Semester in Round Rock mein erstes Ungenügend im Zeugnis stehen hatte, in meinem ersten Semester an der ersten von fünf Schulen, die ich während meiner Mittelschuljahre besuchen sollte. Während meiner ganzen Zeit in Kalifornien, als ich zwischen elf und vierzehn Jahre alt war, hatte ich noch einen vagen Begriff davon, dass Schule dazu da war, ein künftiges Leben zu ermöglichen. In Livermore aber war ich nur einen Umzug entfernt gewesen von dort, wo ich sein wollte, nämlich in meinem früheren

Leben, das verknüpft war mit dem einzigen, wenn auch imaginären, künftigen Leben, das ich haben wollte. In Beaverton war ich zwei Umzüge entfernt, unzählige Umzüge.

Mein erster Tag an der Five Oakes ging irgendwann zu Ende – er endete Wochen, nachdem er anfing, wie alle ersten Tage in gewisser Weise immer enden, nachdem er angefangen hatte, mit den anderen Tagen auf der Five Oakes zu verschwimmen, aber auch ein paar Stunden, sieben?, nachdem er anfing –, und ich weiß nicht mehr, wie ich nach Hause kam. Wahrscheinlich wurde ich von meiner Großmutter abgeholt und nach Hause gefahren, wobei wir unterwegs in einem Supermarkt waren, in mindestens einer Version der möglichen Landschaften der Five Oakes liegt auf indirektem Weg zwischen der Five Oakes und unserem Haus ein Fred Meyer. Kann aber auch sein, dass ich zu Fuß nach Hause ging, ich erinnere mich, dass ich zu Fuß nach Hause ging, wenn nicht am ersten, dann am zweiten zusammengewürfelten Tag, zumindest einmal bin ich mit Freunden zu Fuß nach Hause gegangen, irgendwann schloss ich Freundschaften an der Five Oakes, und zumindest eine Freundin, Michelle, wohnte auf dem Weg von unserem Haus zur Schule, irgendwann schloss ich Freundschaften an der Five Oakes, auch mit Mädchen. Michelle war ein Riesenfan der Band Faith No More, von der ich wahrscheinlich gerade erst gehört hatte, »Epic« war ein Hit, aber mit Mike Pattons Stimme wurde ich einfach nicht warm, doch Michelle erzählte aufgeregt von der Zeit mit Chuck Mosley, ob er nicht schwarz sei? Eine Zeit lang waren wir gut befreundet, eng genug, um regelmäßig zu telefonieren, diese örtlichen wie flüchtigen, besonderen wie universellen Teenagerfreundschaften. Michelle war so groß wie ich, ich war vielleicht 1,70 damals, sie hatte lange, lockige rotbraune Haare und kleidete sich wie jemand aus einer Gesellschaftsschicht, in die weder ich noch die meisten anderen unserer gemeinsamen Freunde auch nur die geringste Hoffnung hatten aufzusteigen, doch Michelles langjährige Liebe zu Faith No More gab ihr vor dem Hintergrund der Five-Oakes-Schülerschaft etwas Sonderbares, und auch wenn ich gerade erst von Faith No More gehört hatte und mit Mike Pattons Stimme nicht warm wurde, machten Faith No More unsere Freundschaft möglich, und ich kaufte mir die Kassette.

Kann aber auch sein, dass ich mit dem Fahrrad nach Hause fuhr. Im Frühlingssemester fing ich an der Five Oakes an, also fing ich im Regen oder im aufziehenden Regen an, ich kann mich aber an keinen einzigen Regentag erinnern, in den Monaten, in denen ich dort Schüler war, und auch nicht in den Monaten danach, und auch nicht im ganzen Jahr danach, woraufhin meine Großmutter und ich im Sommer nach meinem zweiten Jahr an der Aloha Highschool nach Salem, Oregon, zogen. Dennoch, meine Großmutter muss mich bei Regen abgeholt haben, was während der Monate, in denen ich Schüler an der Five Oakes war, häufig der Fall gewesen sein muss. Ich habe keine Erinnerung an Regentage, während ich Schüler an der Five Oakes war, aber ich habe den Ansatz einer Erinnerung, wie meine Großmutter zu mir sagte, bei Regen werde sie mich abholen, ich solle nach der Schule auf sie warten. Sie hatte die meisten Tage frei. Sie hatte keinen Job – nach der Scheidung von meinem Großvater hat sie nie wieder gearbeitet –, aber das kam mir nicht weiter komisch vor. Wir lebten vom Geld meines Großvaters – 1.400 Dollar pro Monat – sowie von mehreren Packen monopolyartigen Lebensmittelmarken und einer mysteriösen Summe Erspartem. Der Trick, der gar kein Trick war, obwohl man in sich hineinschmunzelte, als wäre es ein Trick, bestand darin, eine Süßigkeit für fünf Cent mit einer Lebensmittelmarke im Wert von einem Dollar zu bezahlen, sodass der Kassierer grollend, als wäre er gerade ausgetrickst worden, 95 Cent in bar wieder herausgeben musste.

Müsste ich mich nicht daran erinnern, ob ich von meiner Großmutter abgeholt wurde? Doch die Erinnerung ist konditional. Möglich, dass ich abgeholt wurde – ich erinnere mich daran, wie meine Großmutter in ihrem Isuzu am roten Bordstein vor der Schule hielt, aber dann, es muss ein Reflex sein, sehe ich mich an der Beifahrertür lehnen und mit meiner Großmutter durchs Fenster reden, wahrscheinlich deshalb, weil ich Leute genau das im Kino und im Fernsehen so oft habe tun sehen und der Kopf die Lücken mit etwas füllen muss, als wollte ich ihr gerade erklären, wie es mit vierzehn manchmal meine Gewohnheit war: »Ich will noch nicht weg, ich skate nach Hause«, kann aber auch sein, dass ich zu Fuß nach Hause ging, wobei ich mich nicht an die Einsamkeit erinnere, die ich zu Fuß auf dem Heimweg am ersten Tag an einer neuen Schule sicherlich empfunden hätte, aber an wie viele spezifische Momente der Einsamkeit erinnert man sich schon aus seiner Kindheit, reine Einsamkeit, nicht Einsamkeit gepaart mit Angst, oder Einsamkeit gepaart mit Wut, keine langen Zeitspannen, Wochen, Monate der Einsamkeit, nur ein paar isolierte Minuten, eine halbe Stunde reine Einsamkeit? Kann aber auch sein, dass ich mit dem Fahrrad nach Hause fuhr, und die Geschwindigkeit machte die Einsamkeit wett, die Geschwindigkeit gaukelte mir vor, dass ich nicht einsam sei, nichts, das wettgemacht werden musste, ich würde jeden Moment einen Bunny Hop vom Gehweg hinlegen, aber vom Feinsten, ich würde mein Hinterrad in die Luft reißen, es könnte mich ja jemand sehen, so wie ein Kind, egal wie oft das Experiment danebengeht, nie ganz davon überzeugt ist, dass flüchtige Bewunderung, aufleuchtend im Blick eines Fremden, nicht gleichzusetzen sei mit Geliebtwerden.

Es ist irgendein Zauber, der mich daran hindert, mir mein Leben in Erinnerung zu rufen – wie soll ich es sonst nennen? ein erstickendes Wunder –, doch der Zauber selbst bewohnt den Raum, wo sonst die Erinnerungen wären. Der kürzeste Weg von der Five Oakes bis zu unserem Haus in Beaverton, ich habe es gerade nachgesehen, war zu weit zum Laufen, knapp drei Kilometer, wobei ich mich erinnere, dass ich diese Strecke jeden Tag gelaufen bin, ich bin sie jeden Tag mit dem Fahrrad gefahren, aber am Ende meines ersten Tages an der Five Oakes kann ich unmöglich Fahrrad gefahren sein, da meine Großmutter mich zur Schule gefahren hatte und der Isuzu nur einen kleinen Kofferraum besaß. Am Ende des Tages hatte der Tag schon begonnen, mit dem nächsten Tag zu verschwimmen und mit allen nächsten Schultagen in den kommenden Monaten bis zum Ende des Schuljahres, worauf ich nach den Sommerferien auf die Aloha High School kam. Ich weiß noch, wie ich am Anfang des Tages mein Fahrrad aus dem Kofferraum hob. Ich erinnere mich an einen Anfang, um mir einen Reim aus dem Ende zu machen.

Irgendwann schloss ich an der Five Oakes Freundschaften, aber das ist falsch ausgedrückt. Irgendwann schloss ich Freundschaften mit Leuten, die ebenfalls auf die Five Oakes gingen, aber außer Michelle wohnten wir alle in der Sackgasse, und es ist möglich, dass ich mich in der Sackgasse mit ihnen anfreundete. Wenn ich mir die Sackgasse vorstelle, Salix Place, sehe ich Kinder, die von einer Straßenseite zur anderen flitzen und wieder zurück, als würden sie sich durch Verkehr schlängeln, als hielten sie Taxis an, ich muss mich dort mit ihnen angefreundet haben, in einer Sackgasse mit elf Häusern. Ich lernte Tricia in der Salix Place kennen. Sie wohnte mit ihren Eltern und ihrem ältesten Bruder im letzten Haus. Wenn man aus der Salix Terrace in die Salix Place einbog, in die man wiederum gerade von der

185th Avenue aus eingebogen war, der Straße, die die Nachbarschaft mit dem Rest der Welt verband, die Nachbarschaft selbst war kreisförmig, eine große Sackgasse, von der mehrere kleinere Sackgassen abzweigten, das erste Haus unserer Nachbarschaft stand auf der rechten Seite, und Tricias Haus auf der linken Seite. Tricias Bruder war sportlich und hing meist mit dem Nachbarsjungen herum, dessen Gesicht mich an Mr Dennis erinnerte, meinen Lehrer für Werkunterricht an der East Avenue, dieselbe Kompaktheit, die Oberlippe wie ein Platzhalter für den Schnurrbart, für den er noch nicht alt genug war – sie spielten am Straßenrand vor Tricias Haus an der Korbanlage Basketball. Tricia war fast so groß wie Michelle, also fast so groß wie ich, und hatte lange, glatte dunkle Haare, waren sie schwarz? und blasse Haut. Ähnlich wie Michelle kleidete sie sich, als gehörte sie einer Gesellschaftsschicht an, auf die ich und meine anderen Freunde nur aus der Ferne versonnene Blicke werfen konnten, dabei wohnte sie nur ein paar Häuser weiter von mir und Mark und Aaron, und wir waren alle befreundet. Eine Zeit lang waren Tricia und ich fast beste Freunde – in ihrem Wohnzimmer hörte ich zum ersten Mal »Epic«, Tricia fand Mike Patton heiß –, und ich denke, das Fehlen klarer Erinnerungen an unsere Freundschaft ist genauso aufschlussreich, vielleicht sogar noch aufschlussreicher als jedes andere Fehlen, jeder andere Erinnerungsverlust aus meinen anderthalb Jahren in der Salix Place, unsere Freundschaft hat sich fast gänzlich in Luft aufgelöst, meine Freundschaften mit Aaron und Mark, mit Michelle, haben sich fast gänzlich in Luft aufgelöst. Allenfalls erinnere ich mich, dass ich mit unseren gemeinsamen Freunden, wir waren zu viert oder zu fünft, vor Michelles Haus stand und dass jemand, vielleicht Michelle selbst, mich darauf hinwies, dass der Gothic-Look, auf den ich aus war, wer immer die Bemerkung machte, konnte nicht geahnt haben, wie verzweifelt ich diesem Look nacheiferte, schwarzes Shirt, schwarze Hose, schwarzer Mantel, schwarze Schuhe, durch meine weiße Socken unter meiner zu kurzen Hose zunichtegemacht würde, wobei mir da zum ersten Mal aufging, dass ich mir schwarze Socken kaufen könnte, wenn ich schwarze Socken wollte, dass schwarze Socken nicht nur etwas für Erwachsene waren, wobei ich sie mir später dann doch nicht kaufte, weil ich mir dafür nicht alt genug vorkam, schwarze Socken waren das, was mein Großvater trug. Und ich erinnere mich, wie ich mit Aaron und Mark geskatet bin, zu dritt an einer bestimmten Stelle, einer etwa dreißig Zentimeter hohen Kante, an der ich mir ein paar Tricks später das Fußgelenk brechen sollte, mein zweiter oder dritter Knochenbruch. Ich erinnere mich an den Trick, er war nicht der Rede wert, ich erinnere mich an ihn, obwohl ich mir beim Anfahren auf die Kante gar keinen bestimmten Trick vorgenommen hatte, und das sollte das Problem werden, und am Ende wurde daraus ein Ollie to Feeble Stall, ich poppte meinen Ollie vor der Kante, drehte mein Board in der Luft etwa 45 Grad nach rechts, landete mit den Vorderrollen auf der Kante und mit der Hinterachse auf der Kante, und ich rutschte mit dem rechten Fuß, dem Fuß auf dem hinteren Teil meines Skateboards, ab und stürzte und brach mir das rechte Fußgelenk, worauf mich Aaron und Mark auf meinem Board nach Hause schoben, aber davor, vor dem Feeble Stall, wechselten wir uns ab auf der Kante, einer fuhr, die anderen guckten zu, wobei keiner wusste, was der andere beim Anfahren vorhatte, wobei wir alle wussten, wozu derjenige in der Lage war, wobei alle wussten, dass derjenige auch in der Lage war, das, wozu er in der Lage war, zu übertreffen, um einen neuen, schwierigeren Trick zu landen, das Nächste hätte also alles sein können.

Und ich weiß noch, wie ich mit Tricia bei ihr zu Hause im Wohnzimmer auf dem Fußboden saß, und die vielfarbigen Lichter des »Epic«-Videos flackerten über die Wände und Möbel, und Tricias Wangen waren erhellt von diesem Licht, ihr Lächeln war erhellt von diesem Licht, es war eine Freundschaft, von deren Mitte aus man selbst im Augenblick der größten Leidenschaft schon das Ende sieht, die feurigen Winde, die einen bis ans Ende tragen.

Fast vom ersten Moment unserer Ankunft in der Salix Place wollte meine Großmutter wieder weg, und heute, wo ich versuche, nachzuvollziehen, wie sie überhaupt auf diesen Ort kam, fällt mir kein Grund ein, warum sie ausgerechnet dorthin wollte statt woandershin. Ihre Familie, meine Familie, ihre Seite der Familie wohnte fast fünfzig Meilen entfernt, in Salem, doch nachdem wir jahrelang Tausende von Meilen entfernt gewohnt hatten, ohne sie ein einziges Mal zu besuchen, wobei ihre Mutter ein oder zweimal bei uns in Texas vorbeikam, und nachdem wir dann jahrelang Hunderte von Meilen entfernt gewohnt hatten, ohne sie ein einziges Mal zu besuchen, und während unserer dreieinhalb Jahre in Kalifornien starb schließlich ihre Mutter, meine Großmutter mit dem Telefonhörer in der rechten Hand, auf Knien, tief nach vorn gebeugt auf dem Boden vor dem Badezimmer, im Schlafzimmer, das sie immer noch mit meinem Großvater teilte, wobei mein Großvater sowohl neben ihr kniet als auch sie mit Armen und Brustkorb bedeckt, nach all den Jahren Tausender, dann Hunderter Meilen wären fünfzig Meilen eigentlich keine Entfernung gewesen. Damals wohnte meine Mutter in Raleigh Hills. Wieder wohnten meine Mutter und ich nicht in derselben Stadt, doch da wir beide in einem Vorort von Portland wohnten, wohnten wir auch in derselben Stadt. Und immer wenn sie zu Besuch kam, machte es den Eindruck, als habe sie Hunderte von Meilen zurückgelegt. Aber mindestens einmal, wenn ich mich richtig erinnere, an was erinnere ich mich? rief ich sie an, um sie zu fragen, ob ich bei ihr wohnen könne, um meiner Großmutter zu entfliehen.

Was vor dem Anruf geschah, welcher Streit ihm voranging, weiß ich nicht mehr. Doch meine Mutter ließ mich nicht bei sich wohnen, zu kurzfristig.

Meine Großmutter arbeitete nicht während unserer Zeit in der Salix Place, aber sie arbeitete auch sonst nie wieder. Sie hatte wieder ins Immobiliengeschäft einsteigen wollen, Häuser verkaufen, Häuser schätzen oder beides, in Livermore, aber soweit ich weiß, ist das nie passiert. Später, nachdem wir aus Beaverton weggingen und nach Salem zogen, richtete sie sich in ihrem Gästezimmer, unserem Gästezimmer, ein Büro ein, sie stellte sich einen großen Schreibtisch ins Zimmer und ein Faxgerät, Computer, Drucker, Kopierer, keine Ahnung, woher sie das Geld hatte, um sich das alles zu kaufen, und das war die Arbeit, das Einrichten des Büros war die Arbeit, um es genauer auszudrücken, sie wurde nie wieder fürs Arbeiten bezahlt, doch soweit ich weiß, hatte sie nie einen einzigen Kunden.

Eine Sache, die du bezeugen kannst, die dir eine Lehre sein sollte, aber keine lernbare Lektion für dich darstellt, keinen vermeidbaren Fehler: Als dir endlich aufgeht, dass du dein Leben hinter dir gelassen hast, ist es für eine Rückkehr in dein Leben zu spät.

Vielleicht ein Jahr nach meinem Auszug – mit achtzehn zog ich von zu Hause aus –, also fünf Jahre, bevor sie mit dem Horten begann, bevor sich ihr Büro mit Möbeln aus dem Nichts füllte, mit Bürostühlen, klar, aber nicht aus ihrem Büro, sondern so, als hätte ein LKW sie durchs Fenster abgeladen, nachdem es ein Jahr lang als Zimmer meiner erstgeborenen Tochter gedient hatte, schlug meine Großmutter dort ihren endgültigen Laden auf und versuchte erneut, Abbage Patch Kids zu verkaufen. Sie nähte keine neuen Puppen, da sie immer noch die erste Charge aus Round Rock besaß, sie hat sie von Haus zu Haus zu Haus zu Haus mit umgezogen, aber mit ihrem Kopierer fertigte sie neue Kopien der Geburtsurkunde an. Sie dachte sich, die Cabbage Patch Kids seien reif für ein Comeback, und sie dachte sich, die Abbage Patch Kids könnten das Comeback ankurbeln, sie bräuchte nur eine einzige Puppe an eine richtige Person zu verkaufen und diese eine richtige Person würde es einigen anderen richtigen Personen weitersagen, und diese richtigen Personen würden ein paar Cabbage Patch Kids kaufen, bestimmt in dem Glauben, das sei es gewesen, was die erste richtige Person ausgerufen hatte, sie würden denken, »Cabbage Patch Kids«, bestimmt war das die Puppe, mit der die erste richtige Person aufgeregt herumgewedelt hatte, was soll das denn sein, Abbage Patch? und das daraus resultierende Fieber würde dann ihre Puppen verzehren und sie wäre sie endlich los – bis auf Fritz, das einsame schwarze, eigentliche Cabbage Patch Kid, das sie nicht selbst genäht hatte und von daher behalten musste.

Sie schaltete sogar eine Kleinanzeige. Doch die richtige Person kam nie des Weges, die richtige Person rief nicht mal an, wobei es einen Anruf gab, und meine Großmutter verkaufte keine einzige Puppe.

Eine Ewigkeit

Jedes meiner Teenagerjahre dauerte Jahre, vor allem die ersten vier, von dreizehn bis sechzehn. Während ich siebzehn war, scheint die Zeit Fahrt aufgenommen zu haben – ich erinnere mich an kaum etwas, das passiert ist, als ich siebzehn war, an achtzehn dagegen erinnere ich mich, anscheinend erinnere ich mich an eine Menge von dem, was passiert ist, als ich achtzehn war, die Zeit hatte angefangen, sich in wohl normalem Tempo fortzubewegen, oder ich hatte angefangen, mich in normalem Tempo durch die Zeit hindurchzubewegen, heißt das, man wird erwachsen? wobei ich noch lange nicht erwachsen war. Genauer gesagt, jedes meiner Teenagerjahre war bis auf die letzten zwei Jahre lang, neunzehn muss wohl nur ein Jahr gedauert haben, genau wie achtzehn, aber ich erinnere mich kaum daran, genauso wenig wie siebzehn. Eine Leerstelle im Kopf kann eine Ewigkeit, einen Augenblick oder jede erdenkliche Zeitspanne zwischen einer Ewigkeit und einem Augenblick repräsentieren. Bloß hat man noch keine Ewigkeit gelebt.

Es kommt mir vor, als hätte ich eine Ewigkeit in Beaverton gewohnt, aber ich glaube, es waren nur anderthalb Jahre – das Ende der neunten Klasse und meinen ersten Übergang in die zehnte Klasse. (Wobei ich schon seit Jahren vor meinem ersten Versuch, die zehnte Klasse zu schaffen, miserable Noten geschrieben hatte, und so beschloss meine Großmutter, dass ich dieses Jahr nun wiederholen sollte, und nach unserem Umzug nach Salem – es war ein Sommerumzug, ich würde also das neue Schuljahr am Anfang des Schuljahrs beginnen, scheinbar ein Luxus – meldete sie mich für die zehnte Klasse an. Da ich den Kindergarten oder die erste Klasse übersprungen hatte, so dachte sich meine Großmutter, hätte ich beim Wiederholen der zehnten Klasse die Chance, mit gleichaltrigen Schülern Unterricht zu haben, insofern wäre das Wiederholen der zehnten Klasse eine gute Sache. Mir jedoch kam es wie ein Rückschritt vor, ein endgültiges Auslöschen jedweden Versprechens, das ich vielleicht mal gezeigt haben könnte.) Ich skatete durch die Ewigkeit, mit Mark und Aaron, manchmal mit Corey, wieder mit Corey in meinen letzten Monaten in Beaverton, in den Wochen oder Monaten meines zweiten Sommers dort, doch im ersten Teil der Ewigkeit, den fünf Monaten an der Five Oakes und dem Sommer nach der Five Oakes, fast ausschließlich mit Mark und Aaron und allein.

Auf der anderen Seite unseres Wohngebiets, auf der anderen Seite der Straße, die wie ein Highway befahren wurde, wobei es eine nummerierte Straße war, die 185ste, befand sich ein Holzlager, ich glaube, es gehörte zu Parr Lumber – ich weiß noch, dass das Lager dort war, aber heute nicht mehr. An Wochentagen muss das Holzlager aufgehabt haben, es war ein Holzlager, aber auch ein Geschäft, oder, vielleicht genauer gesagt, es war ein Holzlager, das zu einem Gebäude gehörte, wo Holz verkauft wurde, in meiner Erinnerung sah das Gebäude aus wie eine Mischung aus Lagerhalle und Scheune mit einem Obergeschoss – wobei der Begriff »Obergeschoss« mit der unteren Ebene einer Lagerhalle nicht übereinzustimmen scheint, aber wie soll man sonst dazu sagen, denn das Wort »Untergeschoss« suggeriert, und sei es nur im Flüsterton am Rande der Möglichkeiten, eine Ebene, die unter der Erde sein könnte –, einem Obergeschoss, so breit und tief wie eine Lagerhalle, aber mit einem riesigen holländischen Giebeldach, darin ein großes offenes Fenster, das nicht existiert haben kann, und wenn ich an das große offene Fenster denke, sehe ich dahinter pures, massives Schwarz, und dann geht mir auf, dass ich mich nicht erinnern kann, wie das Gebäude aussah, wobei mir im Hinblick auf das Bild des Gebäudes in meinen Erinnerungen ebenfalls aufgeht, dass ich nicht weiß, wo das Erinnern endet und die Erfindung beginnt. Beginnt das Erfinden an der Gebäudetür, die kurioserweise der Haustür des Fertighauses ähnelte, in dem meine Großmutter und ich seit unserem Umzug von Beaverton nach Salem wohnten? Beginnt das Erfinden im Umkreis des Gebäudes selbst, das vielleicht weniger breit und weniger tief war, als ich es in Erinnerung habe? Vielleicht war das Gebäude nur so groß wie das Fertighaus, in dem meine Großmutter und ich seit unserem Umzug von Beaverton nach Salem wohnten. Beginnt das Erfinden mit dem Dach? Dichte ich dem Gebäude ein Stockwerk an?

Doch das Holzlager machte an Wochentagen schon

ziemlich früh zu, nachmittags um halb fünf, was mir unverhältnismäßig früh vorkam, wobei ich keine Ahnung hatte, zu welcher Tageszeit die Leute Holz kauften in einem Holzlager, das offenbar nur Baufirmen zulieferte. Am Wochenende hatte das Holzlager geschlossen. Und hin und wieder, zwecks Tapetenwechsel, wobei die Straße, in der wir wohnten, in vielerlei Hinsicht herausragend war zum Skaten, vor allem nachdem ich den Bordstein vor unserem Haus eingewachst hatte, um ihn rutschig genug zum Grinden und Sliden zu machen, oder weil der Parkplatz des Holzlagers groß, leer und ungestört war, wenn das Holzlager geschlossen hatte, skateten Aaron, Mark und ich auf dem Parkplatz des Holzlagers, wobei das Skaten auf dem Parkplatz des Holzlagers in Wirklichkeit zunächst bedeutete, von einer Seite des Holzlagers zur anderen und zurückzurollen und versonnen durch den Maschendrahtzaun auf die Bretterstapel dahinter zu schauen, von denen die kleinsten nur ungefähr einen Meter hoch waren, und alle breit genug zum Skaten, »zum Skaten« bedeutete in dem Fall, der Länge nach über einen Stapel zu rollen und mit einem Ollie am Ende abzuspringen, keinem von uns wäre es eingefallen, einen komplizierteren Trick als einen Ollie auszuprobieren, vielleicht einen Frontside 180 Ollie, bei dem es sich um einen Ollie gepaart mit einer 180-Grad-Rotation handelt, sodass man anfangs vorwärts und am Schluss rückwärts fährt.

Nach tagelangem Skaten auf dem Parkplatz, was mir vorkam wie jahrelanges Skaten auf dem Parkplatz, kletterte einer von uns, ich glaube, es war Aaron, der Jüngste und Kleinste und somit der Mutigste, über den Maschendrahtzaun – er war hoch, aber nicht mit Stacheldraht oder sonstigen Abschreckungsmitteln bestückt, und keiner von uns konnte eine Überwachungskamera im Hof oder am Gebäude erkennen – und in den eigentlichen Hof. Und Mark und ich folgten ihm.

Die Welt innerhalb des Zauns schien sowohl größer als auch enger als die Welt außerhalb des Zauns. Anstatt sofort auf einen der kleineren Bretterstapel zu steigen und von dort aus einen Ollie zu landen, rollte jeder von uns los, jeder in eine andere Richtung, tiefer hinein in das Lager, jeder von uns in der Hoffnung, etwas noch Besseres zum Skaten zu finden als die Bretterstapel – *ich* hoffte darauf, etwas Besseres zu finden, und kann nur vermuten, dass auch Aaron und Mark hofften, etwas Besseres zu finden. Als Skater entwickelst du einen neuen Blick für die Nützlichkeit der Gegenstände in der Welt, obwohl es nicht weniger wahr wäre, zu behaupten, als Skater zeigen dir die Dinge in der Welt ihre vormals unbekannten Gesichter, jedes Ding legt einen neuen Aspekt seiner selbst offen, durch den seine Persönlichkeit umfassender zum Ausdruck zu kommen scheint als vorher, also bevor du Skater warst; als Skater betrachtest du die Welt und sprichst mit den unbelebten Dingen in einer Sprache, die du vorher nicht konntest, und die Dinge antworten dir in derselben Sprache; auch wenn du vielleicht irgendwann aufhörst zu skaten, hörst du niemals auf, die neue Stimme des Bordsteins, die neue

Stimme der Bank, die neue Stimme der Laderampe, die neue Stimme des langen Bretterstapels zu hören, und wenn du doch irgendwann aufhörst zu skaten, füllt sich die Welt mit geflüsterten Worten, auf die du nicht reagieren kannst, geflüsterten Worten, die in der wahren Stimme der Dinge gesprochen zu sein scheinen, obwohl du vor deiner Zeit als Skater vielleicht gedacht hast, die wahre Stimme des Bordsteins sei ein Mensch, der vom Bordstein tritt oder den Bordstein betritt, oder aus Versehen beim Parken mit dem Reifen gegen den Bordstein schrammt; als Skater hörst du selbst dann die Stimme des Bordsteins, wenn kein Mensch in der Nähe des Bordsteins ist; als Skater überlegst du, was du dem Bordstein entgegnen könntest. Jeder rollte tiefer in den Hof hinein, auf glänzend schwarzem Asphalt, der gefleckt war mit pfirsichfarbenen Holzsplittern in der Form von eckig geschnittenen Nägeln.

Aber nachdem keiner von uns etwas Besseres entdeckt hatte als die Holzstapel, die uns überhaupt erst über den Zaun gelockt hatten – hinter dem Gebäude, in dem die Verkäufe stattfanden, hatte ich ein Gerät gesehen, das aussah wie eine Wasserpumpe, eine Handpumpe wie die Wasserpumpe in *Wunder geschehen*, nur leuchtend rot und kompakt und zu drei Seiten von Bordsteinen umgeben, wobei die vierte Seite von der Mauer des Gebäudes geschützt wurde, Bordsteinen, die sich sofort als zu klebrig zum Skaten entpuppten – wir fanden uns dort wieder ein, wo wir angefangen hatten, neben einem Bretterstapel, der knapp einen Meter hoch und sechs

Meter lang war. Metallbänder hielten den Stapel zusammen, zwei oder drei dünne Metallbänder, zwei Bänder an den Enden des Stapels und eines, im Fall, dass es ein drittes gab, in der Mitte. Einer von uns – vielleicht Mark oder Aaron, vielleicht war es Aaron, da er als Erster über den Zaun gesprungen war, oder vielleicht ich – wird auf den Stapel gestiegen sein, wenn es Mark war oder ich war, hat er sich wahrscheinlich mit einer Hand am Stapel abgestützt, das Skateboard in der anderen Hand, und war hinaufgesprungen, und wenn es Aaron war, hat er sich wahrscheinlich mit beiden Händen am Stapel abgestützt, war hinaufgesprungen und hatte sich von uns sein Board reichen lassen. Dann wird derjenige, der am Ende des Stapels stand, sich sein Board unter den Fuß geschoben haben, die Hände wahrscheinlich in die Hüften gestemmt, wird den Abstand zum Boden abgeschätzt haben, ein Meter sieht höher aus, wenn man von oben hinunterschaut, dazu mit einem Skateboard, und sich vorwärts gepusht haben, den Fuß am Stapel, wahrscheinlich nur einmal, und wird fast sofort vom Ende hinuntergerollt sein, er wird sich nur fallen gelassen haben, ohne Ollie, den knappen Meter auf den Asphalt, und langsam weitergerollt sein, vielleicht zwei Meter, bevor er sich umdrehte, um zu sehen, wer als Nächstes auf den Stapel stieg, um es ihm nachzutun. Beim zweiten Durchgang kam wahrscheinlich ein Ollie ins Spiel, beim dritten Durchgang hat einer vielleicht schon einen Fronstide 180 Ollie probiert, während die anderen noch beim einfachen Ollie blieben. In der vierten oder fünften Runde wird jeder von uns einen Frontside 180 Ollie probiert haben, in der sechsten oder siebten Runde werden wir alle einen Frontside 180 Ollie gelandet haben, und die Angst davor, auf dem Gelände erwischt zu werden, wurde bei jedem von uns größer, je mehr die Bereitschaft nachließ, immer wieder dieselben zwei Tricks zu machen und den anderen dabei zuzuschauen – wobei einer von uns, Mark oder ich, vielleicht einen One Foot Ollie probierte, einen Ollie, bei dem der Skater mittendrin, in der Luft, den Fuß nach vorn vom Board kickt. Beim One Foot Ollie sieht der Skater aus, als tanze er mit der Luft, der Skater sieht aber auch aus, als kämpfe er gegen die Luft, als trete er gegen die Luft. Möglich, dass einer von uns den Himmel trat – oder zwei von uns, zwei von uns traten vielleicht den Himmel, nicht im selben Moment, in Folge, aber gemeinsam –, während er von dem langen Bretterstapel flog, in dem riesigen Käfig, an einem Nachmittag in der Ewigkeit, gemeinsam.

Ewigkeiten

Die Ewigkeit geht zu Ende. Immer und immer wieder geht die Ewigkeit zu Ende, und du lebst über das Ende hinaus. Nicht nur gehen überall um dich herum Ewigkeiten zu Ende, auch während du das hier liest, auch du selbst bewegst dich beständig, wenn auch unmerklich auf das Ende dessen zu, was einst nach jahrelanger Hingabe aussah, dein Interesse schwindet, dein Körper altert, sodass er dir Probleme macht bei dem Trick, den du immer so geliebt hast, irgendwann wird sich sogar das Stehen auf einem Skateboard seltsam anfühlen, obwohl Skateboard fahren dir lange Zeit natürlicher vorkam als laufen. Wahrscheinlich hatte meine Großmutter schon bei unserer Ankunft darüber nachgedacht, von Beaverton nach Salem zu ziehen, doch erst wenige Monate vor unserem Umzug erfuhr ich, dass der Umzug bevorstand. Vielleicht erzählte sie es mir in der Mitte meines zweiten Jahres auf der Highschool, mitten in meinem ersten und einzigen Jahr an der Aloha High School, zählt die neunte Klasse an der Five Oakes Middle School als mein erstes Jahr auf der Highschool? Ich hatte die ersten paar Monate jenes Schuljahres auf der Livermore Highschool verbracht. Immer wenn es hieß, wir würden umziehen, wurde ich bei der Nachricht am ganzen Körper taub, oder eigentlich sollte ich besser sagen, dass die tagtägliche Traurigkeit, die ich empfand, bevor ich die Nachricht vernahm, weder durch die Nachricht geändert noch unterbrochen wurde.

Während meines letzten Jahres in Beaverton besuchte mich eines Nachmittags meine Mutter. Damals fuhr meine Mutter meist ein Muscle Car, einen Dodge, ich glaube in Blau, wobei ich mich nicht mehr an das Modell erinnere, der aufgemöbelt worden war von ihrem damaligen Freund Brett, heute Exfreund, seit über zwanzig Jahren Exfreund, einem Mann, der kleiner und ruhiger war, als es sein Name suggeriert, der mich adoptieren wollte, wie meine Mutter mir Monate zuvor mit einem Lächeln erzählt hatte, da Brett keine eigenen Kinder hatte und ich keinen Vater. Vielleicht war es Bretts Auto; das hier war Jahre vor dem Eclipse. Ich erinnere mich kaum an den Besuch, außer gegen Ende, vielleicht kurz bevor sie wieder fuhr, kurz bevor sie aus meiner Erinnerung an den einzigen erinnerten Besuch während meiner Zeit in Beaverton verschwindet, aber sie muss mich mehr als einmal besucht haben, wobei sie inzwischen aufgehört hatte, mich zu fragen, ob ich Lust hätte, zu ihr zu ziehen, und sie hatte aufgehört, mir zu sagen, ich könne, wann immer ich Lust hätte, zu ihr kommen, wir hatten ja schon zusammengewohnt, einmal, bevor sie fürs Erste das Zusammenleben mit mir aufkündigte, als ich drei war – kurz bevor sie wieder fuhr, ließ sie mich ans Steuer, ich durfte in ihrem Auto durch unsere Nachbarschaft fahren, die Nachbarschaft, die kreisförmig war, eine große Sackgasse, von der mehrere kleinere Sackgassen abzweigten, ich war fünfzehn, alt genug für den Lernführerschein, und in wenigen Wochen würde ich sechzehn werden, ob ich denn nicht Autofahren lernen wollte? Ich weiß nicht mehr genau, wo ich anfing zu fahren, ob meine Mutter mich von dem eingewachsten Bordstein vor unserem Haus losfahren ließ, in der Auffahrt wird sie nicht geparkt haben, ob sie mitten auf der Straße vor unserem Haus oder an der Kreuzung Salix Place und Salix Terrace stand, ob sie mitten auf der Straße aus dem Auto gestiegen war, es war ja so wenig Verkehr von unserem Haus, so wenig Verkehr an der Ecke, und mich ans Steuer ließ. Möglich, dass sie einfach irgendwo hielt, möglich, dass sie beschloss, das bisschen Erziehung zu betreiben, und sei es hier, zwölf Jahre, nachdem sie ihren Eltern erlaubt hatte, mich meinem Vater wegzunehmen, vor wie vielen Jahren damals, drei? seit sie ihrem Vater entkommen war, aber wie viele Jahre, seit er sie zum letzten Mal geschlagen hatte? Wie viele Jahre würde es dauern? Wie viele Jahre, bevor sie sich davon überzeugt hatte, er werde mir nicht dasselbe antun? oder brauchte sie nicht überzeugt zu werden? Als ich ihr Jahre, nachdem sie mich fahren ließ, erzählte, er habe mir dasselbe angetan, sagte sie, sie hätte nicht gedacht, dass er mir wehtun würde, er habe sich doch immer einen Sohn gewünscht. Vielleicht verbrachte sie Tage damit, sich zu jenem Geschenk zu überreden, vielleicht verbrachte sie die paar Minuten, die fünfzehn, zwanzig Minuten, die sie verbracht haben mochte, unter anderen Umständen, sich zum Kauf einer hochwertigen Krawatte als Vatertagsgeschenk für ihn zu überreden, obwohl sie damals so wenig Geld hatte. Möglich, dass sie einfach irgendwo hielt. Ich erinnere mich aber, dass das Auto oben auf dem Hügel am hinteren Ende der Salix Ridge stand, den ziemlich langen Straße, die überging in die Salix Place, nachdem sie die Salix Terrace gekreuzt hatte – ich erinnere mich nicht, wie meine Mutter hielt, die Tür öffnete und aus dem Auto stieg, doch ich erinnere mich an das Auto selbst, wie es oben auf dem Hügel stand, grollend, ohne meine Mutter im Fahrersitz, ich muss von der Beifahrerseite um das Auto herumgegangen sein und mich hinters Steuer gesetzt haben, ich erinnere mich an die vibrierende blaue Motorhaube, und ich erinnere mich, dass meine Mutter zu mir sagte, ich solle mir keine Sorgen machen, das Auto würde jetzt von ganz allein zu mir nach Hause rollen, ich bräuchte nur zu lenken.

In Beaverton hörte ich auf, so zu tun, als wollte ich eine Zukunft. Bevor meine Großmutter und ich nach Beaverton zogen, in den Jahren zwischen Round Rock und Beaverton, den dreieinhalb Jahren Livermore, hatte ich zumindest die Rolle eines Kindes gespielt, das gut in der Schule sein will, vermutlich in Vorbereitung auf eine Zukunft – wobei ich in der Schule nicht gut gewesen war, weil ich keine Lust gehabt hatte, in der Schule gut zu sein, weil es eine Zukunft nicht gab. Als mich meine Großeltern fragten, warum ich nicht gut in der Schule sei, heuchelte ich zumindest angemessenes Interesse an der Frage, und angemessene Sorge, und angemessene Verwirrung. Nachdem jedoch mein Großvater meine Großmutter und mich in Beaverton zurückließ – strenggenommen verließ meine Großmutter meinen Großvater, sie ließ sich von ihm scheiden, aber da er uns beim Umzug geholfen hatte, verließ er als Letzter das Haus (seine letzten Worte an mich lauteten: »Warum bist du so destruktiv?«), hörte ich auf, Interesse zu heucheln, das ich nicht hatte, Sorge, die ich nicht hatte, Verwirrung, die ich nicht empfand. Was immer die meisten Teenager fühlen, was immer sie denken, wenn sie an die Jahre denken, die vor ihnen liegen, vor allem an die Jahre unmittelbar vor ihnen, in denen sie vermutlich erwarten, allmählich ein unabhängiges Erwachsenenleben zu etablieren, oder zumindest damit anfangen, die Landschaften zu sichten, in denen sie irgendwann ein unabhängiges Erwachsenenleben etablieren werden, fünfzehnjährige, vielleicht noch jüngere Teenager, was immer sie hinsichtlich ihrer Zukunft fühlen, was immer sie hinsichtlich ihrer Zukunft denken, ich fühlte nicht dasselbe, ich dachte nicht dasselbe, ich bin mir fast sicher, dass ich nie auf dieselbe Weise fühlte oder dachte. Ich hatte beim besten Willen keine Gefühle hinsichtlich der Zukunft. Nicht nur, dass ich mich gegen solche Gefühle wehrte, nein, ich erstickte sie im Keim.

Stellen Sie sich einen Brunnen vor, einen Brunnen wie in einem Film, ein kleines, von einer niedrigen steinernen Mauer umgebenes Loch in der Erde inmitten einer ansonsten leeren Fläche, einen Brunnen im Boden einer dunklen Lagerhalle, und oben neben dem Brunnen steht ein immens muskulöser Mann, er sieht aus wie He-Man aus dem Cartoon, den ich als Kind nie mochte, obwohl er mich jetzt auf viel grundlegendere Weise verfolgt als alle anderen Cartoons, die ich mochte, der nach den schattigen Geschöpfen Ausschau hält, die aus dem dunklen Innern des Brunnens aufzusteigen versuchen und genauso dunkel sind wie das dunkle Innere des Brunnens selbst, und immer wenn eines der Geschöpfe auftaucht, immer wenn über der Oberfläche der Dunkelheit ein Kopf auftaucht – er ähnelt einer Blase auf der Oberfläche des Wassers, als wäre die Dunkelheit im Brunnen am Brodeln –, immer wenn über der Oberfläche der Dunkelheit ein Kopf auftaucht, schlägt dieser He-Man-artige Mann dem Geschöpf mit der Faust gegen den Kopf, und das Geschöpf fällt hinten über und verschwindet ganz und gar in der Dunkelheit des Brunnens, dergestalt waren meine Gefühle hinsichtlich der Zukunft, ich stieß sie vor den Kopf. Und ich hatte beim besten Willen auch keine *Gedanken* über die Zukunft, kawumms, kawumms, kawumms. Es war in Beaverton, wo ich aufhörte, so zu tun als ob, und wo ich anfing, Fausthiebe zu verteilen.

Kaum war der Sommer zwischen der neunten Klasse und der zehnten Klasse vorbei, wurde er zu einer Leerstelle in meiner Erinnerung, ein ganzer Monat, mindestens, und obwohl mir damals nicht bewusst war, dass ich für einen Großteil meines Lebens meine Erinnerungen verdrängt hatte, bemerkte ich sehr wohl in den Monaten nach dem Sommer das Fehlen des vergessenen Monats in meinem Gedächtnis – ich entwickelte eine Abneigung gegen die Schule, die umfassender und von heftigeren Gefühlen begleitet war als jede Abneigung, die ich jemals zuvor gehabt hatte und jemals haben würde. Die zehnte Klasse schien eine permanentere Entwicklung darzustellen als die neunte – egal was geschah, egal wohin meine Großmutter und ich zogen, ich würde in keiner Mittelschule als Zehntklässler auftauchen. Als Neuntklässler war meine Kindheit zu Ende gegangen, als ich von der Whitford Middle School auf die Livermore High School wechselte, und sie hatte wieder angefangen, als ich von der Livermore Highschool auf die Five Oakes Middle School wechselte. Aber trotz meiner neuerdings intensivierten Abneigung gegen die Schule erinnere ich mich überhaupt nicht an meine ersten Tage im zweiten Jahr an der Aloha High School.

Ich erinnere mich nur an meinen Lieblingssong aus der Zeit damals, und ich glaube, es war mein erster Lieblingssong, obwohl ich begeisterter Musikfan war, seit ich mit zwölf oder dreizehn *You're Living All Over Me* von Dinosaur Jr. entdeckt hatte, und vielleicht besaß ich sogar das Video, vielleicht hatte ich mir das Video ausgeliehen und dann kopiert, wir hatten zwei Videogeräte, *Ohio Skateout*, es war ein Skatervideo nur in dem Sinne, als dass es darin überwiegend um Leute ging, die Skateboard fuhren, aber es war ein Video über einen

Skatewettbewerb, kein Skatervideo im zeitgenössischen Sinne. Der Song war »Knock Me Down« von den Red Hot Chili Peppers. Irgendetwas an der Botschaft des Songs, zusammengefasst im Refrain »If you see me getting mighty, if you see me getting high, knock me down«, sagte mir weitgehend, wenn auch auf unvollkommene Weise zu, und jedes Mal, wenn ich den Song hörte, war es, als spräche mir der Song aus dem Herzen, obwohl ich nicht mächtig war, obwohl ich seit Jahren nicht mehr versucht hatte, Drogen zu nehmen, obwohl ich nicht mehr zu Boden gestoßen werden wollte. Und ich erinnere mich, wie ich in der Cafeteria der Aloha High School dieses Lied hörte, ich muss meinen Walkman mit in die Schule genommen haben – einen Walkman für Kassetten, einen CD-Player habe ich wahrscheinlich erst Jahre später besessen, wobei ich mir schon Monate, bevor ich mir einen CD-Player kaufte oder schenken ließ, eine CD kaufte, *Wings of Joy* von Cranes, nachdem ich ein Stück von »Tomorrow's Tears« auf MTV *120 Minutes* gehört hatte, denn ich hatte meinen Videorekorder programmiert, um die Sendung aufzunehmen, da die Sendung erst um Mitternacht ausgestrahlt wurde, die Stimme der Sängerin, dachte ich, als ich den Song zum ersten Mal hörte, klang, als käme sie aus meinem tiefsten Innern, die Stimme der Sängerin hörte sich an wie ein weinendes Kind – ich weiß noch, wie ich in meiner möglicherweise ersten Woche an der Aloha High School in der Schulcafeteria »Knock Me Down« hörte und mich fragte, wie ich es geschafft hatte, so alt zu werden, und wer mich wohl als Nächstes zu Boden stoßen würde.

Außer, dass ich mich erinnere – diese Dinge müssen sich in den ersten Tagen an der Aloha High School ereignet haben oder zumindest in meinem ersten Monat dort –, dass ich in einem Klassenzimmer in der letzten Reihe saß, zurückgelehnt in meinem Stuhl, nicht kippelnd, denn der Stuhl war an der Bank befestigt, aber nach Kräften bemüht, mich durch die Wand hinter meinem Stuhl hindurchzudrücken, durch die Rückenlehne meines Stuhls hindurch, während ein rothaariger Lehrer, ich erinnere mich nicht an sein Gesicht, aber ich erinnere mich an seine Haare, wie er sich vor mich hinstellte und mir ins Gesicht sah und schimpfte, ich würde mir keine Mühe geben, keinerlei Mühe würde ich mir geben, ich hätte noch nie meine Hausaufgaben gemacht, aber woher kam diese beinah sofortige Frustration? Vielleicht war das aber gar nicht in meinem ersten Monat an der Aloha High School. Vielleicht war das am Ende meines ersten Semesters. Aber ich weiß, dass das Mädchen, das bei meinem Anblick aufschrie, während meines ersten Monats an der Aloha High School aufschrie, mehr oder minder, denn sie schrie ungefähr eine Woche auf, bevor ich mein erstes Gedicht schrieb, und das war am 25. Oktober 1990. Ich stand im Gang vor einem Klassenzimmer, der Gang war voll, also hatte ich wohl gerade das Klassenzimmer verlassen, und ein Mädchen kam auf mich zu, aber sie sah nicht nach vorn, ihr Gesicht war zur Seite gedreht, sie hatte eine auftoupierte, aufgebauschte Frisur, wie es damals Mode war, ihre Haare sahen fast so aus wie ein Vogelnest, ein halbes Vogelnest, kein komplettes Rund, sondern ein halbes Rund, ein halbes Vogelnest auf der Seite, aber nicht so dicht wie ein Vogelnest, eher sah es aus wie das Gerippe eines Vogelnests, die Ruine eines Vogelnests, der Look war aber damals populär. Sie muss sich wohl mit jemandem unterhalten haben, aber ich erinnere mich nicht, dass jemand neben ihr herging, und kurz bevor sie so dicht vor mir stand, dass sie fast mit mir zusammengestoßen wäre, wandte sie sich mir zu, wohl nicht, um sich mir absichtlich zuzuwenden, sondern infolge ihrer Drehung, und als sie mich sah, schrie sie auf. Wie traurig mich das damals machte, und ich dachte, weil ich fünfzehn war, es sei mein Schicksal, vielleicht dachte ich sogar das Wort »Verhängnis«, aber nein, das ist ein Wort, das ich heute verwenden würde, das ich verwenden würde, um mein fünfzehnjähriges Ich zu imitieren, ich würde es heute verwenden, um darstellen zu wollen, wie ich mit fünfzehn war, obwohl ich weiß, ich hätte es damals nicht verwendet für den Gedanken, dass es mein Schicksal sei, anderen Menschen Angst zu machen, weil mein Gesicht so hässlich war, von Krankheit gezeichnet, meine Akne so schlimm, wie traurig ich damals war.

Außer, dass
I.

Außer, dass ich mich nicht hatte erinnern können, bis vor drei Jahren, als eine neue Bekanntschaft ihn für mich nachschlug, warum war ich in den fast dreißig Jahren dazwischen nicht selbst darauf gekommen, ihn nachzuschlagen? Bis vor drei Jahren konnte ich mich nicht an den Titel des Films erinnern, den ich in der Schule im Rahmen einer Anti-Selbstmord-Kampagne gesehen habe, am 25. Oktober 1990, an Chaucers 590. Geburtstag und John Berrymans 76. Geburtstag, wobei Berryman im Jahr 1990 genauso tot war wie Chaucer, nur noch nicht so lange, der Film nannte sich *Silence of the Heart*, es war ein Fernsehspielfilm, der 1984 zum ersten Mal ausgestrahlt wurde und in dem Charlie Sheen sein Schauspieldebüt gab, auch die Handlung war mir im Einzelnen nicht mehr in Erinnerung gewesen, außer, dass ich noch wusste, auf welche Weise der Hauptdarsteller Selbstmord beging, er fuhr mit dem Auto über einen Abhang, und ich wusste noch, dass nach seinem Selbstmord seine Schwester – in der Schule über die Lautsprecheranlage oder live über ein Videofeed (sogar jetzt wehre ich mich gegen das Nachschlagen) unter Missachtung des Direktors oder des stellvertretenden Direktors oder sonst einer offiziellen Figur, oder auch nur eines bedrohlichen Erwachsenen – »Lady Lazarus« von Sylvia Plath vorlas, nicht das ganze Gedicht, aber einige Zeilen, in denen ich den Rest meines Lebens entdeckte:

Sterben
Ist eine Kunst, wie alles.
Ich kann es besonders gut.

II.

In einem Gespräch mit Thomas Higginson vom 16. August 1870 soll Emily Dickinson gesagt haben: »Wenn ich ein Buch lese und es macht meinen Körper so kalt, dass mich kein Feuer jemals wieder wärmen kann, dann weiß ich, *das* ist Poesie. Wenn ich physisch das Gefühl habe, es reißt mir den Kopf ab, dann weiß ich, *das* ist Poesie. Nur daran kann ich sie erkennen. Wie denn auch sonst?« Als ich zum ersten Mal die Zeilen aus »Lady Lazarus« hörte, kannte ich Dickinsons Definition von Poesie noch nicht – ich wusste kaum, wer Dickinson überhaupt *war*, wobei mir wahrscheinlich immerhin die Anfangszeilen ihres Gedichts begegnet waren, das mit der Zeile »Weil ich beim Tod nicht halten konnt'« beginnt, Teenager lieben dieses Gedicht, es prallt in den High Schools in vielen Räumen von den Wänden ab. Doch als ich zum ersten Mal die Zeilen aus »Lady Lazarus« hörte, war mir, als risse es mir den Kopf ab.

III.

Außer, dass ich mich erinnere, dass ich depressiv war. Als ich vierzehn war, wollte ich depressiv sein, und ich wollte depressiv aussehen, und als ich fünfzehn war, wollte ich depressiv sein, und ich wollte depressiv aussehen, und vielleicht war ich mit vierzehn und fünfzehn tatsächlich depressiv, aber das glaube ich nicht. Nachdem mein Großvater ging – nachdem meine Großmutter und ich mein Großvater verließen –, veränderte sich mein Gefühlsleben erheblich, obwohl ich mich nicht erinnere, mit Hingabe irgendeine besondere Gefühlslandschaft bewohnt zu haben, ich wünschte mir nur, ich würde bestimmte Gefühlslandschaften bewohnen, im Grunde nur die der Depression. Ich trug ausschließlich Schwarz und hielt Ausschau nach Musik, die mir traurig erschien, wobei ich noch keinen Sinn dafür entwickelt hatte, was traurige Musik war – zum Beispiel fand ich das Debütalbum von den Charlatans, *Some Friendly*, gnadenlos traurig, sogar trostlos, schmerzhaft schön wegen der launigen Verschwommenheit einiger Texte, aber heute kommt es mir vor wie ein nicht über die Maßen missmutiges, semi-psychedelisches Dance-Pop-Album, ungewöhnlich nur insofern, als dass die Songs sehr einprägsam sind, eine Hookline nach der anderen, und da ist etwas wie Freude, ein Aufblitzen von Freude, wobei der Freude auch Irritationen folgen können, wenn sich die Hookline eines Songs wie ein

Haken ins Gehirn bohrt –, denn ich wollte traurig aussehen und mich traurig fühlen, und das ist alles, was ich unter Depression verstand, Traurigkeit im weiteren Sinne, ich wollte, dass jeder, der mich sah, und jeder, der mit mir sprach, dachte: »Wow, ist der depressiv«, denn traurig zu sein erschien mir wie ein beachtlicher Akt der Rebellion, und depressiv zu sein erschien mir wie ein beachtlicher Zustand der Revolution, vielleicht deshalb, weil ich von Weißen erzogen worden war, die in den optimistischen Fünfzigerjahren Teenager waren, optimistisch zumindest für Weiße.

Doch obwohl ich von Weißen erzogen wurde, die in den Fünfzigerjahren Teenager gewesen waren, hatte ich nie, unter keinen Umständen, ein erdrückend glückliches Zuhause. Meine Großmutter und mein Großvater hatten nie den Nachbarn vorzugaukeln versucht, wir seien eine glückliche Familie, und keiner von beiden hatte meinetwegen, soweit ich wusste, jemals getan, als sei er oder sie glücklich. Sie setzten mich nie unter Druck, glücklich zu sein, nicht mal glücklich zu erscheinen. Die Traurigkeit, die Depression, die ich ausstrahlen wollte, stellte die eine Seite eines Dialogs dar, den ich mit Unbekannten führen wollte. Ich wollte jedem, der mich ansah, und jedem, der mit mir sprach, erscheinen wie jemand, den sie versuchen sollten zu retten – die Rebellion des entführten Kindes, die Revolution des entführten Kindes ist es, Fremden gegenüber hilfebedürftig zu erscheinen – wobei ich damals nicht wusste, dass es das war, was ich wollte. Nachdem mein Großvater wegging – nachdem meine Großmutter meinen Großvater verließ und ich mit ihr wegging –, erfuhr mein Gefühlsleben eine erhebliche Veränderung, nicht, weil ich traurig war, dass er weg war, überhaupt nicht, schon damals war ich unermesslich glücklich über seine Abwesenheit, sondern weil ich das Gefühl hatte, ohne es damals hätte artikulieren zu können, dass ich meinen Entführern halbwegs entkommen war, also suchte ich voller Freude nach einem Weg, anderen zu signalisieren, dass ich Hilfe brauchte, um den Rest des Weges frei zu machen, also wollte ich depressiv aussehen, depressiv *sein*. Schwarze Kleidung, weiße Socken. Ich wollte, dass Fremde so betroffen wären von meiner revolutionären Depression, von meinem Missverhältnis zur Welt, von meinem Krieg gegen die Welt, dass sie mich nicht mehr aus dem Kopf bekämen. Ich wollte Depressionen sowohl zu meiner Kunst als auch zu meiner Klage machen, genau wie die Erzählerin von »Lady Lazarus« das Sterben zu ihrer Kunst und zu ihrer Klage macht.

IV.

Außer, dass ich mich an einen Tag erinnere, als ich jene Zeilen aus »Lady Lazarus« hörte und acht Gedichte schrieb. Als ich ein kleines Kind war, vielleicht sechs, vielleicht sieben, in der zweiten oder dritten Klasse, begeisterte ich mich für *Where the Sidewalk Ends* von Shel Silberstein, ein überaus beliebtes Buch in meinen ersten Jahren an der Forest North, das in der Schulbibliothek zu finden dementsprechend schwierig war. Jedoch erinnere ich mich, dass ich wiederholt meinen Namen auf die Warteliste für das Buch setzte und es mir mehrmals auslieh. Dass ich *Where the Sidewalk Ends* nie von vorne bis hinten las, stattdessen klappte ich das Buch an irgendeiner Stelle auf und las die Seite vor mir, oder ich klappte das Buch an irgendeiner Stelle auf, beschloss, dass ich die Seite vor mir nicht lesen wollte, und blätterte so lange, bis ich ein Gedicht fand, *das* ich lesen wollte, das Lesen von *Where the Sidewalk Ends* war meine erste Begegnung mit Poesie, meine erste freiwillige Begegnung mit Poesie, wer weiß, erinnert sie sich noch? ob meine Mutter mir Gedichte vorlas, als ich ein Neugeborenes war, ein Kleinkind, wer weiß, ob mein Vater mir Gedichte vorlas, als ich ein Neugeborenes war, ein Kleinkind, ob mir mein Vater am Abend vor meiner Entführung eine Kindergeschichte in Reimform vorlas, was wüsste er noch von diesen Tagen? den letzten Tagen, außer den letzten Momenten, er erinnert sich an die letzten Momente und den langen Moment danach, Tage, die erfüllt sind von einem langen Schrei – *Where the Sidewalk Ends* war meine erste Begegnung mit Poesie, soweit ich weiß, und in den acht oder neun Jahren zwischen dem Lesen jener Gedichte und dem Hören der Zeilen aus »Lady Lazarus« hatte ich keine maßgebliche Begegnung mit anderen Gedichten. Bevor ich die Zeilen aus »Lady Lazarus« hörte, war mein Begriff von Poesie so unterentwickelt, dass ich, eine Woche, bevor ich die Zeilen hörte, ich glaube an dem Tag, an dem das Mädchen im Gang bei meinem Anblick aufschrie, als ich versuchte, weil ich gekränkt war und meinen Gefühlen Luft machen wollte, als ich versuchte, ein Gedicht zu schreiben, nicht mein erstes Gedicht, aber ein Gedichtversuch vor meinem ersten Gedicht, das Gedicht so begann:

Roses are red,
Violets are blue

weil ich dachte, so müssten Gedichte anfangen.

Doch das erste Gedicht, das ich als Reaktion auf das Hören von Plaths Gedichtzeilen schrieb, begann ich mit Rosen und Veilchen, wobei ich mich nicht an die Anfangszeile erinnere. Ich erinnere mich überhaupt nicht an diese ersten Gedichte, außer, dass das erste Gedicht, das ich schrieb, »Der Tod ist eine Kunst« hieß und peinlicherweise mit der Zeile »Und der Künstler bin ich« abschloss, und dass ich außerdem ein Gedicht schrieb, das »Happy« hieß und so begann:

This poem is happy
So don't think it's funny

eine Unterscheidung, die ich selbst damals als etwas forciert erkannte. Ich würde sagen, ich hatte ein unterdurchschnittliches Talent zum Dichten, aber diese Aussage möchte ich sofort richtigstellen und stattdessen sagen, um sowohl konkreter als auch ehrlicher zu sein, dass ich eine *negative* Menge Talent zum Dichten hatte, ich würde also eher sagen, dass das, was immer den Raum in mir ausfüllte, wo Talent hätte sein sollen, wie ein schwarzes Loch funktionierte, aus dem keine einzige vernünftige Zeile, nicht mal für einen Fünfzehnjährigen, entweichen konnte. Doch die Leute, denen ich meine frühen Gedichte zeigte, zunächst Freunden, aber irgendwann, nachdem meine Großmutter und ich nach Salem gezogen waren, auch wenn ich mich noch immer weigerte, Hausaufgaben zu machen, auch Lehrern, niemals meiner Großmutter, niemals meiner Mutter, machten mir die Leute, denen ich meine frühen unfähigen Gedichte zeigte, Mut. Heute scheint mir, dass sie vielleicht erstaunt waren, dass ich mir mit überhaupt etwas Mühe gab, und nur hofften, mich in der Mühe an sich zu bestärken. Heute scheint mir, dass sie erleichtert gewesen sein mussten, einen Hinweis darauf zu finden, dass doch noch Leben in mir war.

V.

Außer, dass ich mich erinnere, dass ich in den Wochen, bevor ich die Zeilen aus »Lady Lazarus« hörte, einen Einstufungstest hatte machen müssen. Mein Leben lang – kann man die Wendung »mein Leben lang« benutzen, wenn man sich auf sich selbst als Fünfzehnjährigen bezieht? Vielleicht, wenn man tatsächlich fünfzehn Jahre alt *ist*, aber dreißig Jahre später kommt einem der Satz lächerlich vor – mein Leben lang, selbst während der Jahre, seit ich mein Leben und die Schule aufgegeben hatte, war ich stolz gewesen auf meine Leistungen bei standardisierten Tests. Als kleines Kind hielt ich mich für einen unschlagbaren Testschreiber, vor allem was standardisierte Tests anbelangte – immer wenn ein standardisierter Test geschrieben wurde, sorgte ich dafür, dass ich schneller fertig war als alle anderen Schüler im Raum, knallte geräuschvoll meinen Bleistift hin, nachdem ich die letzte Frage umkringelt hatte, und dann warf ich einen Blick durch den Raum, um die Reaktionen in den Gesichtern meiner Mitschüler oder, besser noch, im Gesicht meines Lehrers zu prüfen. Mir war aber auch wichtig, dass ich mehr richtige Antworten hatte als meine Mitschüler, obwohl ich mir meist nicht sicher sein konnte, weil wir unsere individuellen Noten nie erfuhren. Hin und wieder jedoch mussten wir einen Test schreiben, dessen Ergebnisse wir dann sehr wohl erfuhren, der die Fähigkeiten jedes einzelnen Schülers mit dem durchschnittlichen Schüler desselben Jahrgangs sowie mit dem durchschnittlichen Schüler in den Jahrgängen darüber und darunter verglich. Mein Leben lang, selbst während der Jahre, nachdem ich mein Leben und die Schule aufgegeben hatte, lag ich bei den Tests in jedem Fach immer weit über meinem Jahrgang. Doch in den Tagen, bevor ich die Zeilen aus »Lady Lazarus« hörte, fast zwei Monate nach Beginn meines zweiten Jahres auf der Highschool, wurde mir mitgeteilt, mein

Abschneiden beim letzten Test deute darauf hin, dass ich mich auf dem Leistungsniveau eines Achtklässlers befinde. Ich weiß noch, dass ich dachte, denen würde ich's zeigen, wer auch immer sie waren, ich würde es ihnen zeigen, dass ich intelligenter war als das. Fast umgehend begann ich die schlechtesten Gedichte zu schreiben, die ein Fünfzehnjähriger je geschrieben hatte.

VI.

Außer, dass ich mich erinnere, dass ich meine ersten acht Gedichte und die späteren Gedichte in ein kleines Notizbuch schrieb, ein Notizbuch mit Spiralbindung am oberen Rand und mit knallgelbem Deckblatt, bis es voll war.

VII.

Außer, dass ich mich erinnere, dass ich das Gefühl hatte, ich entdeckte gerade, was mein Leben sein könnte. Es kam mir nicht bekannt vor, aber in gewisser Weise war es schon meins, die Reise darauf zu war meine – selbst in seiner Unvertrautheit erkannte ich es, mein mögliches künftiges Leben, ich erkannte das Gefühl, mit meinem Leben unvertraut zu sein, ähnlich wie man aus einem Traum aufwacht, der so lebhaft war, dass man in seinem Bett liegt und völlig durcheinander ist. Als ich fünfzehn war, begann mich das Gefühl, mit meinem eigenen Leben unvertraut zu sein, ein Gefühl, das mich verfolgt hatte, solange ich mich erinnern konnte, in Richtung meines Lebens zu lenken. Als ich fünfzehn war, begann ich in der Poesie zu leben, nachdem ich die Gedichtzeilen gehört hatte, die genau wie mein Leben mit dem Sterben begannen.

Das Dreirad

Welche Farbe mag das Rad gehabt haben? Rot, glaube ich – der erste Gedanke, der mir als Antwort auf diese Frage kommt, lautet: »Es war rot«, und ich sehe das glitzernde, dunkle, metallische Rot eines nagelneuen Dreirads, das Rot eines metallischen Apfels. Ein Dreirad, kein Zweirad und kein Big Wheel, mein Vater hätte mir vielleicht stattdessen ein Big Wheel geschenkt, das für mich als Kind zugleich der Lamborghini Countach und der Ford Pinto der dreirädrigen Gefährte war, wobei Big Wheels für gemeinhin nicht explodierten. Aber war diese Story mit den explodierenden Pintos jemals mehr als ein Gerücht? Heute scheint sie mir die Art von Story zu sein, die sich Teenager-Jungs erzählen, um so zu tun, als hätten sie Ahnung von der Welt, um Ahnung von der Welt zu haben. Heute scheint mir das genau die Art von Story zu sein, die sich Teenager-Jungs erzählen, wenn sie anfangen zu begreifen, dass die Welt fortwährend und auf vielerlei Art damit beauftragt wird, pubertierende Riesenbabys, die so tun, als hätten sie Ahnung von der Welt, zu hofieren.

Laut Wikipedia sind Pintos *tatsächlich* explodiert, da ihr Benzintank an einer heiklen Stelle lag, das Ding, das sie am Laufen hielt, lag an der falschen Stelle, also hielt es sie entweder am Laufen oder ließ sie in Flammen aufgehen. Das Zweirad, das Dreirad, das Big Wheel, das mir mein Vater kurz vor meiner Entführung geschenkt hatte, war vielleicht rot – sie nahmen mich aus seinen Armen, ich sehe mich dabei, wie ich die Arme ausstrecke, oder sie hoben mich von dem Zweirad, dem Dreirad, dem Big Wheel, ich sehe mich, wie ich die Arme ausstrecke. Das, was mich hätte am Laufen halten sollen, war mir von der falschen Person geschenkt worden, ein kurzes Glück war mein Treibstoff, also ging das Zweirad, Dreirad, Big Wheel mit mir in Flammen auf.

Bedeutet das Wissen um den Auslöser einer Explosion, dass man Ahnung hat von der Welt? Ich habe keine Ahnung von der Welt. Aber ich habe den Verdacht, dass das Wissen um das, was einen in Flammen aufgehen lässt, oftmals den Beginn einer Ahnung darstellt. Ich glaube, es war rot, das Gefährt, das mein Vater mir schenkte, also war es wahrscheinlich ein Dreirad – ich erinnere mich, oder bilde mir ein, dass ich mich erinnere, wie ich von meiner Großmutter aus etwas Rotem herausgehoben wurde, rot wie die Frucht am Anfang des Todes.

SALEM DIE FRUCHT AM ANFANG VON TOD UND LEBEN

Die anderthalb Jahre, waren es das? oder könnte es länger gewesen sein? Ich kann mir nicht vorstellen, dass es länger war als anderthalb Jahre, aber könnte es unvorstellbar lang gewesen sein? die anderthalb Jahre, die ich in Beaverton wohnte, sind seitdem zu einem Zeitknoten in meiner Erinnerung geworden, vielfach verschlungen. Ich weiß, dass ich nicht sehr lange dort gewohnt habe, und dennoch habe ich das Gefühl, als hätte ich von Geburt an dort gewohnt, bis ich fünfzehn war und meine Großmutter und ich nach Salem zogen – meine Erinnerungen von Beaverton laufen in meinem Kopf ab wie das GIF eines windgeschüttelten Weizenhalms, eine Endlosschleife, sodass man nicht sagen kann, ob der Halm von einem sanften, aber unerbittlichen Wind geschüttelt wird oder ob er sich nur einmal nach vorn lehnt und einmal zurücklehnt, wobei die Schlaufe wieder in dem Moment beginnt, wo der Weizenhalm zu seiner ursprünglichen Position zurückkehrt.

Warum das so ist, weiß ich nicht, außer, was es für einen Fünzehnjährigen heißt, fünfzehn zu sein, außer, dass er fast alt genug ist, um sechzehn zu sein? und damit alt genug, um seinen Führerschein zu machen und allmählich für immer von zu Hause wegzugehen? Wenn in irgendeinem Alter eine Erinnerungsschlaufe, ein Zeitknoten, in der Erinnerung geschaffen werden soll, käme mir fünfzehn bis siebzehn, wenn man fast alt genug ist, um achtzehn zu sein, am geeignetsten dafür vor. In meiner Vorstellung habe ich, bis ich fünfzehn, knapp sechzehn war, eine Ewigkeit, sofern mir Ewigkeit ein Begriff war, in Beaverton gewohnt.

Kurz bevor ich sechzehn wurde, zogen meine Großmutter und ich nach Salem, einer Stadt gut sechzig Kilometer südlich von Beaverton. Die letzten paar Monate in Beaverton, vielleicht mein ganzes letztes Semester, hat mich meine Großmutter anscheinend zu Hause unterrichtet – sie hatte endlich meine schlechten Zensuren zur Kenntnis genommen und beschlossen, dass ich nicht zur Schule zu gehen bräuchte, wenn ich mir keine Mühe geben wollte; da wir ohnehin nach Salem ziehen würden, hatte sie beschlossen, dass wir ebenso gut meinen ersten Versuch in der zehnten Klasse streichen und mein zweites Highschool-Jahr in einer neuen Stadt noch mal von vorn anfangen könnten. Ich weiß nicht, ob es ihr in den Sinn kam, dass sie mich durch das Wiederholen der zehnten Klasse zwang, einen zumeist einmaligen Teil des Lebens noch einmal zu durchleben, ein Jahr meines Lebens zu wiederholen, in der Zeit zurückzugehen, in jener Stadt, aus der sie mich zwölf Jahre zuvor entführt hatte, aber ebenso wenig weiß ich, ob es ihr jemals in den Sinn kam, dass sie mich entführt hatte. Wir zogen nach Salem und schlugen den äußersten Rand einer zwölf Jahre großen Explosion um ein Jahr zurück, wir selbst traten näher heran an das Herz der Explosion. Aber kam es meiner Großmutter in den Sinn, einmal nachzuforschen, ob mein Vater noch in Salem lebte? Hättest du bei deinem letzten Besuch einer gewissen mittelgroßen Stadt einem Hund einen harten Tritt versetzt, vielleicht warst du damals betrunken, vielleicht einfach nur gemein, aber du bist älter geworden und hast dich seitdem verändert, und würdest dich zwölf Jahre später bei deiner Rückkehr an den Hund erinnern, würde dir schwer ums Herz bei deiner Ankunft in der Stadt und noch schwerer beim Vorbeifahren an dem Garten, in dem es geschah. Doch meiner Großmutter galt mein Vater weniger als ein Hund.

Meine Großmutter und ich zogen nach Salem, um näher bei der Familie meiner Großmutter zu sein – die auch meine Familie war, es muss auch meine Familie gewesen sein und noch immer meine Familie sein, einige sind inzwischen tot, einige geschieden, einige haben sich kaum verändert, sind dreißig Jahre älter geworden, aber haben sich kaum verändert, Leute, die in Häusern wohnen, deren Türen sich öffnen würden, wenn ich anklopfen würde, noch immer, zwanzig Jahre nach meiner letzten Begegnung mit irgendwem aus der

Verwandtschaft meiner Großmutter. Ihr Bruder wohnt noch immer in Salem oder war irgendwann nach Salem zurückgekehrt, nachdem er ein paar Jahre weggewesen war, und seine Kinder lebten noch immer in Salem oder waren irgendwann nach Salem zurückgekehrt, nachdem sie ein paar Jahre weggewesen waren – ich habe nie herausbekommen, wie viele Verwandte großmütterlicherseits noch immer in Salem wohnten, doch die Stadt schien von ihnen zu wimmeln, niemand im Zentrum, im Herzen der Stadt, aber an den Fingerspitzen, knapp bevor die Fingerspitzen aufhörten und das Farmland und die Waldstücke sich erneut behaupteten. Wir zogen in ein himmelblaues Fertighaus, das meine Großmutter Jahre später rosa wie Zuckerwatte streichen sollte, als sie schon dabei war, den Verstand zu verlieren.

Wir zogen in ein Fertighaus, doch das Haus wurde um unsere Ankunft herumgebaut, es müsste irgendeinen anderen Begriff als »Einzug« geben, um den Einzug in ein Haus einzufangen, das ohne den Einzug nicht existieren würde, das Haus war auf Bestellung gebaut worden, und es war die Art von Haus, in dem man sich in den ersten Wochen nach seinem Einzug dabei ertappt, jedem, der darin wohnt, gleichsam zwanghaft immer und immer wieder zu bestätigen, wie schön es sei, und jedes Mal dabei nach Zustimmung heischt. Genau wie in Beaverton wohnten wir in Salem in einer Sackgasse; genau wie damals, als meine Großmutter, mein Großvater und ich in Round Rock ankamen, war ein überwiegender Teil der Nachbarschaft noch nicht da. Der Rest der Nachbarschaft war mindestens zehn Jahre älter als unser Teil, und die Häuser waren keine Fertighäuser, sondern das, was man das Gegenteil eines Fertighauses nennt, Wohnhäuser, es waren alles Wohnhäuser, luxuriöser unbeweglicher Backstein, wobei nicht jedes Haus aus Backstein war, aber jedes Haus hätte aus Backstein sein können, jedes Haus war unbeweglich. Die Straße, in der wir wohnten, war neu, jeden Monat kamen Häuser hinzu, einige Wochen lang jede Woche, die Gehwege waren neu, die Bordsteinkanten sowohl zu hart als auch zu scharf, der Beton zu hell. Vom Fenster an der Seite unseres Hauses, das zur Straße ging, konnte ich gegenüber, über die Baulücke hinweg, die Rückseiten der Häuser im älteren Teil der Nachbarschaft sehen, gegen die unser Fertighaus wie eine Simulation wirkte. Die Innentüren unseres Hauses waren eine Spur, aber doch merklich schmaler als die Innentüren in allen Häusern, die man das Gegenteil von Fertighaus nennt, die Haustür eine Spur, aber doch merklich, breiter, und sämtliche Türen, innen Holz, außen Metall, fühlten sich dünn und leicht und billig an. Meine Großmutter hatte die optionale frei stehende Doppelgarage gewählt, und wenige Tage nach unserer Ankunft baute ich mir darin eine zweieinhalb Meter breite und halben Meter hohe Quarterpipe aus geklautem Holz von einer offenbar verlassenen Baustelle um die Ecke, um bei Regen irgendwo skaten zu können. Doch bei geschlossener Garagentür war die Garage zu klein, und ich konnte nicht das nötige Tempo aufbauen, um bis an den oberen

Rand der Rampe zu kommen, also war die Rampe nur an trockenen Tagen bei offener Garagentür befahrbar, und selbst dann nur mit Mühe. Ich musste schon auf der Straße anfangen zu pushen, mit dem Rücken zur Rückseite der unbeweglichen richtigen Häuser, in Richtung der Simulation, und weiterpushen, kräftig, bis knapp vor die Rampe, und war immer schon erschöpft, bevor ich die Rampe erreicht hatte.

Im Staub kamen wir an, der neue Asphalt der Sackgasse war beschichtet und weich vom Staub von woher? unklar – von der einstigen Leere des Ortes an sich, die jetzt unsichtbar war, weil immerhin jetzt unser Haus dort stand. Doch genau wie bei unserer Ankunft in Beaverton befand sich, als wir vor unserem Haus in Salem hielten, eine Rampe zum Skaten – diesmal eine Quarterpipe, und zwar auf ebenem Grund, dicht am Bordstein neben einem Baugrundstück, auf dem der Bau eines Hauses begonnen, aber kurz nach Baubeginn wieder aufgehört hatte – in der Nähe unseres neuen Hauses, gleich hinter der Kreuzung Main Street und San Francisco Drive, wo unser Haus vor sich hin kippelte (genau wie die anderen Fertighäuser, die bald in der Gegend auftauchen sollten, schien unser Haus auf einem gemauerten Fundament zu ruhen, doch das war eine Illusion – bevor dünne himmelblaue Bretter angebracht wurden, war zwischen Fundament und Boden ein fünf

Zentimeter großer Spalt zu sehen; was immer das Haus zusammenhielt, war unsichtbar, versteckt in der Dunkelheit unter dem Haus, der wahren Dunkelheit unter der himmelblauen Simulation). Wir kamen früh in der Sonne an, und nachdem ich ins Haus getragen hatte, was immer ich aus dem Auto ins Haus hatte tragen müssen, und einen Blick in die Zimmer geworfen hatte, wobei mir sofort die schmalen Türen ins Auge fielen, skatete ich zur Rampe hinüber und probierte sie aus, rollte hoch bis an die Coping, drückte, als meine Vorderrollen über die Coping ragten, mit dem Vorderfuß meine Vorderrollen nach unten und rollte, leicht zurückgelehnt, die Rampe rückwärts wieder hinunter, wobei ich feststellte, dass die Rampe klappriger war, als sie vom Auto aus ausgesehen hatte. Doch allein ihre Existenz, die auf die Nähe anderer Skater hinwies, war für mich ausschlaggebend.

Doch wer immer die Skater waren, ich fand sie nie, und eines Morgens, nicht lange nach dem Einzug in unser neues Haus, rollte ich hinüber zur Rampe und stellte fest, dass sie verschwunden war und ein nicht ganz perfektes Beinahe-Rechteck sauberen Asphalts im Staub hinterlassen hatte, dort, wo sie gestanden hatte, mit leichter Schlagseite.

Meine ersten Tage in Salem, wie lange sie auch immer gewesen sein mögen, Tage oder Wochen, waren einsam. Irgendwann, nachdem die Rampe verschwunden war, fand ich einen Skater, tief im Herzen unserer Nachbarschaft unter den unbeweglichen Wohnhäusern, einen blonden Jungen namens James, der erst seit wenigen Monaten Skateboard fuhr, ein Jahr jünger und mindestens einen Kopf kleiner war als ich, der behauptete, von der Rampe noch nie gehört zu haben. James und ich skateten ein paarmal gemeinsam, aber das Skaten war ihm längst nicht so wichtig wie mir, und da ich, obwohl ich es mir noch nicht eingestanden hatte, gerade anfing, das Interesse am Skaten zu verlieren (denn das Skaten, selbst wenn ich allein skatete, was in Beaverton hin und wieder vorgekommen war, und in Raleigh Hills, und in Livermore, war für mich eine gesellige Aktivität, und wenn ich allein skatete, skatete ich, teilweise zumindest, um ein besserer Skater werden, damit ich beim nächsten Mal, wenn ich gemeinsam mit Freunden skatete, ein besserer Skater sein würde), kollidierte sein Desinteresse am Skateboardfahren mit dem großen Interesse, das ich heuchelte, und betonte auf unangenehme Weise mein schwindendes Interesse. Und James und ich hingen ein paarmal ab, ohne Skateboard zu fahren, doch was uns verband, waren Skateboardfahren und Nähe, und unsere Freundschaft war nicht von Dauer. Ich lernte in Salem aber nie jemanden kennen, mit dem ich regelmäßig skatete, und keine meiner dort geschlossenen Freundschaften war von Dauer, obwohl Salem die letzte Stadt war, in der ich wohnte, bevor ich von zu Hause auszog, ich war damals achtzehn, und das Ausziehen war inzwischen einfach nur ein Ausziehen, ich war zu erschöpft, um meiner Entführerin zu entkommen, die schon nicht mehr ganz bei Verstand war, wobei sie noch zwölf weitere Jahre dort wohnen sollte, und ich zog von zu Hause aus wie jedes andere Kind aus dem Haus auszieht, in das es hineingeboren wurde.

Doch ich fuhr in Salem mit Freunden Skateboard, als ich meinen Vater fand. Meine Erinnerung an den Tag ergibt für mich keinen Sinn, wobei ich nun ein ganzes Jahr lang fast tagtäglich versucht habe, die Einzelteile auf eine Weise zusammenzufügen, die möglich scheint, auf eine Weise, die dem, woran ich mich erinnere, den Anschein gibt, dass es so hätte passiert sein können. Es war kein unwahrscheinlicher Zufall, der meinen Vater herbeizauberte – ich fasste den Entschluss, ihn zu entdecken, obwohl ich ihn den Großteil meines Lebens gehasst hatte. Doch ich erinnere mich daran, dass ich mit Freunden zusammen war, die gar nicht dabei gewesen sein konnten, an einem Ort, an dem ich nicht gewesen sein konnte – ich erinnere mich, dass ich mit Aaron und Mark in einem Wohnungskomplex in Beaverton Skateboard fuhr, und dass wir aufhörten, um im Telefonbuch einer wildfremden Frau die Nummer meines Vaters nachzuschlagen. Doch mein Vater wohnte nicht in Beaverton, er wohnte in Salem, also kann ich unmöglich seine Nummer in einem Telefonbuch von Beaverton nachgeschlagen haben. Aber wenn ich seine

Nummer in Salem nachgeschlagen hatte, im Telefonbuch von Salem, wie konnten dann Aaron und Mark dabei gewesen sein? Mark kam einmal zu Besuch, aber während dieses Besuchs schlug ich nicht die Nummer meines Vaters nach, und ich erinnere mich nicht, dass Mark ein zweites Mal zu Besuch war, und ich kann mich nicht erinnern, dass Aaron mich jemals besucht hätte. Die Erinnerung existiert in Form von Gedankensplittern, Splittern, die sich um eine Dunkelheit drehen, die Splitter bilden eine Sphäre, wie eine Blase, doch eine Sphäre aus unzusammenhängenden Fragmenten, durch deren Risse die Dunkelheit zu sehen ist und hervorsickert, und was immer tatsächlich passiert ist an dem Tag, als ich meinen Vater fand, kann ich nicht sehen, und mit ziemlicher Sicherheit werde ich es nie erfahren. Ich kann nur erzählen, woran ich mich heute erinnere, auch wenn es so, wie ich mich erinnere, unmöglich passiert sein kann. Das, woran ich mich erinnere, war unmöglich, wobei ich inmitten des Unmöglichen meinen Vater fand.

Entweder fand ich meinen Vater im Sommer oder an einem Wochenende. Das Unmögliche, an das ich mich erinnere, ergibt am meisten Sinn, wenn ich ihn im Sommer fand, im Sommer, kurz bevor ich siebzehn wurde, obwohl ich mich erinnere, dass ich sechzehn war und ihn schon länger als die paar Monate kannte, die möglich waren, wenn ich ihn im Sommer kennengelernt hätte, kurz bevor ich siebzehn wurde. Aber ich erinnere mich daran, dass ich ihn in einer ungebundenen Zeit fand, nicht in den paar gedrängten Tagen eines Wochenendes, und ein Wochenende scheint mir nicht lang genug für einen Besuch von Aaron oder von Mark, wobei ich weiß, dass sie nicht dabei gewesen sein konnten, als ich mein Vater fand, und wenn sie dabei gewesen wären, hätte ihr Besuch bestimmt nicht länger gedauert als zwei Tage und eine Nacht. Aber wenn Aaron und Mark dabei waren, dann fand ich mein Vater entweder am späten Nachmittag oder relativ früh am Vormittag, nicht zu früh, so gegen zehn, da Aaron und Mark wahrscheinlich am frühen Nachmittag angekommen und einen Tag später am frühen Nachmittag wieder abgefahren waren. Da mein Gedächtnis ihre Abwesenheit nicht unterbringen will, waren Aaron und Mark dabei, als ich im Sommer, kurz bevor ich siebzehn wurde, meinen Vater fand und die Sonne tief am Himmel stand.

Wir hatten beschlossen, irgendwo zu skaten, wo wir noch nie geskatet waren, in einem relativ neuen Wohnungskomplex in der Nähe unseres Hauses, einem Komplex, der in meiner Vorstellung vielleicht ein bis anderthalb Kilometer von unserem Haus in Beaverton entfernt war, wobei ich in Salem wohnte, als ich meinen Vater fand. Der Komplex lag auf unebenem Terrain, also gab es überall im Außenbereich kleine Treppchen, wo man Ollies rauf und runter machen konnte, und kurze Geländer zum Sliden und Grinden. Der einzige Trick, den ich in meiner Erinnerung an dem Tag machte, als ich meinen Vater fand, war ein Frontside 180 Ollie to Fakie Nosegrind, ein Trick, bei dem ich mich nie ganz wohlgefühlt habe, aber ich habe mich mit keinem der drei bis vier Tricks jemals wohlgefühlt, die ich irgendwann auf Geländern konnte, das Vokabular der bekannten Geländertricks war damals noch klein, ein Frontside 180 Ollie to Fakie Nosegrind über ein kurzes Geländer war immer noch ganz weit vorne oder zumindest annähernd weit vorne, wobei das Geländer kurz war und meine Vorderachse mit den letzten Zentimetern kaum Kontakt machte. Aber weder Aaron noch Mark konnten den Trick, und uns, oder mir zumindest, wobei ich nicht wissen kann, wie sie die Sache sahen, schien dieser Trick fast wie ein Wunder, ich machte ihn und hatte das Gefühl, ihn unmöglich gemacht haben zu können, die Unmöglichkeit, die ich empfunden hatte, als ich Monate zuvor den Trick gelernt hatte, war geblieben, die Unmöglichkeit war sowohl Teil des Tricks als auch nicht Teil des Tricks, ähnlich wie die Sense des Todes sowohl Teil des Todes ist als auch nicht. Obwohl ich mich an keine anderen Tricks erinnere, die einer von uns machte, obwohl ich Aaron und Mark mit Begeisterung zusah, erinnere ich mich an keinen einzigen Trick, den sie machten, ich erinnere mich, dass ich aufgeregter war als üblich, als ich den beiden beim Skaten zusah, obwohl sie nicht dabei gewesen sein konnten, und sicherlich war ich deshalb ungewöhnlich aufgeregt, weil ich jetzt nur noch selten Gelegenheit hatte, mit den beiden zu skaten – nämlich gar keine, bis auf das eine Mal mit Mark, seit ich ein Jahr zuvor nach Salem gezogen war, wobei wir unmöglich an jenem Tag, an dem ich meinen Vater fand, gemeinsam geskatet sein konnten, wobei ich ungewöhnlich aufgeregt war, als ich den beiden an diesem Tag beim Skaten zusah.

Vielleicht zehn Minuten, vielleicht eine Viertelstunde lang skateten wir in dem Wohnungskomplex, wobei ich am Ende so unfassbar schwitzte, dass ich ausgesehen haben musste, als hätte ich stundenlang geskatet. Ich erinnere mich an überhaupt gar nichts, worüber Aaron und Mark und ich jemals geredet haben, außer, dass wir einander fragten, ob wir Lust hätten zum Skaten, außer, dass ich mich erinnere, dass wir mal ein absurdes Sexgespräch führten, draußen auf der Straße vor meinem Haus in Beaverton, absurd deswegen, weil keiner von uns irgendeine Ahnung hatte von Sex, aber wir mussten über Sex reden, um nicht auf die Idee zu kommen, dass wir Jungs seien, die keine Ahnung von Sex hatten, und jeder von uns bekräftigte die Irrtümer und Lügen der anderen beiden, köstliche Freundschaften waren das damals, aber vielleicht erzählte ich ihnen beim Skaten oder nach dem Skaten, ich wolle meinen Vater finden, vielleicht erzählte ich ihnen von meinem Verdacht, dass er immer noch in Salem lebe, ich hatte in der Schule von den McCraes gehört, gewissen Verwandten im Teenageralter, über die man nur hinter vorgehaltener Hand sprach, wobei sie nicht auf meiner Schule waren, McKay High School, die fast so klang wie der Nachname meines Vaters, der einzige Name, dessen ich mir sicher war, mein Vater Stan Lee McCrae oder Stanley McCrae. Vielleicht ermutigten sie mich, ihn zu suchen.

Vielleicht sagte ich okay, dann mach ich's, ich finde ihn jetzt, wir klopfen jetzt irgendwo an die Tür und fragen, ob wir uns kurz das Telefonbuch ausleihen können, und vielleicht sagten sie, ja, Mann, mach das, ich kann mir nicht vorstellen, dass ich ihnen nichts von meinem Vorhaben erzählt hätte, bevor ich an der Tür einer der Wohnungen am Rande des Komplexes klopfte, eher Doppelhaus als Wohnung, unverbunden mit dem größeren Apartmentgebäude, aber mit demselben Farbkonzept, einem von mehreren Doppelhäusern am Rande des Komplexes. Ich klopfte an die Tür, und es öffnete eine junge weiße Frau mit etwas länger als schulterlangen glatten Haaren in dem Braunton, den ich immer als blond bezeichnet habe, und einem Baby auf dem Arm, und ich holte tief Luft, und der Atemzug schien durch meinen Mund, durch meine Augen und Ohren in meinen Körper einzutreten, und ich sagte: »Hi. Entschuldigen Sie die Störung, aber kann ich mir kurz Ihr Telefonbuch ausleihen?« Und die Frau sah Aaron und Mark an, die beide hinter mir standen, einer hinter dem anderen auf dem schmalen Gehweg, dann sah sie wieder mich an, schwitzend, als wäre ich stundenlang Skateboard gefahren, aber schwitzend, als wäre ich dreizehn Jahre lang auf ihre Haustür zugerannt, hätte ich da nicht stärker sein müssen, ans Rennen gewöhnt nach so langen Jahren? und sie sagte: »Klar«, und sie winkte mich und Aaron und Mark in ihre schattige Wohnung, doch die Schatten waren blau, und wie bekleidetes Licht.

Möglich, dass der Tag, an dem ich meinen Vater fand, der Tag war, an dem ich mir das Fußgelenk brach, Ollie to Feeble Stall, die Kante etwa dreißig Zentimeter hoch, ich sprang vom Boden hoch, um einen simplen Trick zu machen, einen Trick, den ich schon Dutzende von Malen gemacht hatte, es war eigentlich kaum ein Trick, ich hatte Dutzende von Malen schon im Kopf meinen Vater gefunden, immer begleitet von Rachsucht, und auch wenn ich an dem Tag, an dem ich mir das Fußgelenk brach, meinen Vater nicht fand, hätte es sein können, an dem Tag, da die Rachsucht aus meinem Kopf allmählich wich. Beim Anfahren auf die Kante hatte ich mich auf keinen bestimmten Trick festgelegt, der Trick bestand daraus, den Ollie hoch genug zu machen, damit man nicht über das ganze Hindernis sprang, sondern seine Hinterachse auf den Rand des Hindernisses aufsetzte, der Trick *sah aus* wie ein nicht ganz fertig gewordener Trick, ein Trick, den man sich vorher nicht vorgenommen hatte, außer, man lehnte sich stylish zurück, drehte den Oberkörper zurück und schaute nach hinten, aber ich hatte mir kein stylishes Wegdrehen vorgenommen, sondern war nur kurz im Feeble Stall gelandet, kaum ein richtiger Stall, hätte mich jemand genau im richtigen Augenblick fotografiert, hätte ich auf dem Foto ausgesehen, als wäre ich im Feeble Stall, nur würde meine Körpersprache falsch aussehen, ich hätte ausgesehen, als würde ich anfangen, das Board von der Kante wegzudrehen, nicht nach hinten, in die stylishe Richtung, sondern nach vorn, um die Bewegung zu vollenden, die ich angefangen hatte, als ich mein Board ein Stück in der Luft drehte, damit meine Hinterachse auf der Kante aufsetzen würde, wobei mein Körper nach vorne sacken würde, um die Drehbewegung zu suggerieren. Das Foto wäre das Foto eines Sturzes gewesen, es hätte mich gezeigt, wie ich lachhafterweise bei einem sinnlosen Trick stürze, und der Sturz war nicht schlimm, und er konnte nicht schlimm ausgesehen haben, ich schlug auf dem Weg nach unten nicht auf die Kante auf, aber ich verdrehte unter mir das Fußgelenk und wusste sofort, dass mein Fußgelenk gebrochen war, und ich erzählte es Aaron und Mark, sofort, mein Fußgelenk sei gebrochen, und wer immer, Aaron oder Mark, aber ich glaube, es war Mark, gerade seinen nächsten Trick machen wollte, begradigte sich, der ein bisschen in die Hocke gegangen war, nachdenklich, seinen nächsten Trick vorwegnahm, und wer immer neben ihm stand, Aaron oder Mark, aber ich glaube, es war Aaron, kam auf mich zu und fragte: »Was sollen wir machen?«, und ich sagte zu ihm, ich müsse nach Hause, und ich sagte, ich wisse nicht, wie ich nach Hause kommen solle, ich könne nicht laufen, und ich könne nicht skaten, und Aaron oder Mark sagte: »Setz dich auf dein Board, und wir schieben dich«, und so geschah es, sie schoben mich hinter dem Gebäude hervor, einem Supermarkt, sie rollten mich am Unkraut vorbei, über den Asphalt und auf den Gehweg, und als wir auf dem Gehweg waren, mussten sie mich bergauf schieben, sowohl Aaron als auch Mark waren kleiner als ich, und Aaron kleiner als Mark, aber sie schoben mich gemeinsam, sie wechselten sich ab mit dem Schieben, und ich half, ich versuchte zu helfen, ich zog mich mit den Händen vorwärts, ich sah vielleicht aus, hätte sich ein Beobachter gänzlich auf mich konzentriert, als würde ich den Berg hochklettern, eine Hand nach der anderen, aber klettern hätte ich nicht können, ich wurde den Hügel hinaufgeschoben. Wie wäre ich, ohne Aaron und Mark hinter mir, nach Hause gekommen? In meiner Erinnerung an den Tag, an dem ich meinen Vater fand, waren Aaron und Mark und ich gemeinsam in derjenigen Stadt, in der wir früher gemeinsam eine Ewigkeit verbracht hatten, sie standen hinter mir, als ich vor der Tür eines Zimmers stand, in dem die Schatten aussahen wie bekleidetes Licht.

Möglich, dass der Tag, an dem ich meinen Vater fand, mein erster Tag an der Five Oakes war, mein erster Tag auf der dritten Schule, die ich in der neunten Klasse besuchte. Möglich, dass ich aus dem Büro der Beratungslehrerin trat und ihn gegenüber von ihrer Tür an einem Tisch sitzen und arbeiten sah, ich weiß nicht, was er beruflich machte, als ich vierzehn war – möglich, dass er Büroangestellter dort war, oder möglich, dass er Büromaschinen reparierte. Hätte ich ihn gesehen, ich hätte ihn nicht erkannt. Möglich, dass ich, während ich vor der Beratungslehrerin saß, sie hinter dem Schreibtisch, vor mir nichts, möglich, dass ich beim Schweifenlassen meines Blickes durch den Raum den Blick über das Poster an der Wand schweifen ließ, vielleicht hing ein

Poster an der Wand – nicht das Poster mit dem Kätzchen, das sich mal an ein Seil klammert, mal mit einer Tatze an einem Stück Schnur, darunter immer der Spruch »Hang in there«, aber ein ähnliches Poster, ähnliche Botschaft –, über die Turnierschleifen wofür? über das Bild von vielleicht der Tochter der Beratungslehrerin, einem Mädchen mit einem Pferd, bis zur Tür, wo jenseits der Tür mein Vater in einem großen leeren Raum an einem Schreibtisch inmitten von Schreibtischen saß. Möglich, dass ich ihn tippen hörte, die leichtgängigen elektrischen Schreibmaschinen, die damals üblich waren, das wummernde Summen, das Geräusch von zu viel Kraft für eine einst manuelle Maschine, keine Kraft außer den Fingern, jahrzehntelang, das Klackern des Kugelkopfes gegen die Schreibwalze wie das Klackern eines Gehstocks auf einem Linoleumfußboden, wobei die Person mit dem Stock zu schnell geht, sie rennt, aber wovor rennt sie weg, möglich, dass ich ihn hörte während der kurzen Stille zwischen ihrem letzten ruhigen Satz und ihrem fast geschrienen »Guck mich an, wenn ich mit dir rede«, oder möglich, dass ich ihn während der längeren, tieferen Stille hörte, denn der Raum war jetzt empfänglich für das leiseste Geräusch von überall aus der Nähe, zwischen ihrem fast geschrienen Satz und meiner Entgegnung, eine längere Stille, obwohl ich antwortete, bevor die Überraschung, der Beinah-Schock meine Brust erfüllte, die leichtgängigen, übermotorisierten elektrischen Schreibmaschinen, die damals üblich waren, gebaut von der Firma, bei der mein Großvater arbeitete, jede Schreibmaschine war schwerer, als sie aussah, wahrscheinlich zu schwer für mich damals, wobei, wann hatte ich jemals eine angefasst?, mein Großvater arbeitete mit Computern. Wie viele IBM-Selectric-Schreibmaschinen hatte mein Vater in den Jahren meiner Abwesenheit angefasst, ohne die Verbindung zwischen der Maschine und meinem Großvater zu erkennen? Wie viele IBM-PCs? Keine? Zwei bis drei? Jede Schreibmaschine, jeder Personal Computer, die er jemals anfasste? Möglich, dass er vor der Tür war, möglich, dass er in Salem war, er ist nie aus Salem weggezogen, erzählte er mir am Tag unseres Treffens, er dachte, ich käme zurück, möglich, dass er achtzig Kilometer von mir entfernt war, der ich seit inzwischen elf Jahren vermisst wurde, die meisten dieser Jahre Tausende von Meilen entfernt, und der Raum war empfänglich für das leiseste Geräusch.

Möglich, dass der Tag, an dem ich meinen Vater fand, ein Tag auf der Fahrt von Round Rock nach Livermore war, unmöglich, ich, meine Großeltern und John, der jüngste Sohn von Freunden der Familie. Meine Großeltern hatten keine Freunde in Round Rock, die ich kannte, wie vielen Menschen hätten sie vertrauen können? Außer, dass wir einen Silvesterabend auf einer Party im Haus einer Familie verbrachten, die ich laut meiner Erinnerung nie wieder gesehen habe und vorher nicht gekannt hatte, in dem Haus waren keine anderen Kinder, und irgendwer reichte mir ein Glas Sekt, ich war acht oder neun, aber ich wusste schon, ich hasste den Geschmack von Alkohol, wie vielen Leuten konnten meine Großeltern trauen? War ihnen meine Angewohnheit aufgefallen, zu erklären, ich hätte keinen Vater und hasste ihn? War ihnen aufgefallen, dass ich mein ganzes Leben mit ihnen verbracht und mir immer wieder denselben unmöglichen Satz hatte anhören müssen? Wie vielen Leuten konnten sie zutrauen, keine Fragen zu stellen? Wenn Johns Eltern wussten, dass meine Großeltern mich entführt hatten, hatten sie da Skrupel, ihn mit uns zusammen durchs halbe Land zu schicken, alle zusammen in einem Transporter? Aber wenn Johns Eltern wussten, dass meine Großeltern mich einem Schwarzen entführt hatten, hätten sie Skrupel gehabt? Möglich, dass wir ihn überholten, meinen Vater, wir alle in einem Transporter, möglich, dass wir ihn auf einer Schnellstraße irgendwo zwischen Round Rock und Livermore überholten, mein Vater hat Verwandte in Arizona, ich habe Verwandte in Arizona, mein Vater hatte kurz vor meiner Entführung mit mir nach Arizona fahren wollen, er hatte die Reise verschoben, damit mich meine Großeltern für ein Wochenende nehmen konnten, ein dreizehn Jahre langes Wochenende, bestimmt war er mehr als einmal nach Arizona gefahren, bestimmt war er viele Male nach Arizona gefahren in den Jahren, in denen ich weg war, möglich, dass wir ihn überholten, möglich, dass er auf einer breiten Schnellstraße auf der anderen Seite eines Sattelschleppers fuhr, während John und ich dem Fahrer Zeichen gaben, dass er hupen solle, wobei jeder von uns an einem imaginären Seil zog, jeder von uns hob den Arm, um das Seil in seine Ursprungsposition zurückzuschieben, dann wieder nach unten zu ziehen, die Hände zu Fäusten geballt, als würden wir den Himmel boxen, möglich, dass mein Vater auf der anderen Seite des Sattelschleppers war, als der Fahrer hupte, möglich, dass mein Vater in seinem Sitz hochschreckte, wobei ich ihn nie erschrocken sah, möglich, dass er kurz Angst hatte, möglich, dass er sich fragte, wo die Gefahr sei, ich und John und meine Entführer, wir alle zusammen, unmöglich, in einem Transporter auf der anderen Seite des Sattelschleppers, laut schreiend, der Fahrer immer zweimal hupend, möglich, dass mein Vater fluchte, seine erste Gelegenheit seit acht Jahren, böse auf mich zu sein, wobei ich nie erlebt habe, dass er auf mich böse war.

Der der Tag, an dem ich meinen Vater fand, hätte der Abend sein können, bevor die Eltern meiner Mutter mich ihm für immer wegnahmen, für die nächsten dreizehn Jahre Ewigkeit, viermal länger, als ich am Leben gewesen war, viermal das, was ich von der Ewigkeit wusste, bis dahin konnte ich natürlich schon sprechen, natürlich konnte ich schon laufen. Als ich ein Kind war, erzählte meine Großmutter gern, dass ich schon früh sprechen und laufen konnte, beides schon zwei Jahre mindestens, bevor sie mich entführte, wobei sie ihre Geschichten natürlich nie so konstruierte, oder ich fragte sie gern, wie alt ich gewesen sei, als ich anfing zu sprechen und zu laufen, aber jetzt erinnere ich mich nur noch an ihre Antwort, aber mit wem habe ich gesprochen?, zu wem bin ich gelaufen? Der einzige mir bekannte Mensch, der noch ganz klar schildern kann, wie ich gesprochen habe und gelaufen bin, als ich noch keine drei war, ich sei gerannt, sagte er, ich sei zu ihm gerannt, ist mein Vater, und dass ich nachts zu ihm gerannt sei, um ihn zu wecken, aber ich hatte keine Angst, es war ein Spiel, und er war meistens schon wach, wenn auch im Bett, ich war zwei, sagt er, als ich aus der Dunkelheit auftauche, obwohl ich schon da war, mein Bett und sein Bett standen im selben Zimmer, und ich sprang auf sein Bett, ich tauchte aus der Dunkelheit auf, als hätte ich in der Dunkelheit gewartet, wenn dein Kind gewohnheitsmäßig ein Spiel spielt, wie lange denkst du, dass dein Kind das Spiel weiterspielen wird? Monatelang? Jahrelang? Wie lange denkst du, dass dein Kind das Spiel weiterspielen wird, bevor dein Kind verschwindet? Du liegst im Dunkeln, du hast seit Tagen kein Auge zugetan, seit dein Kind verschwunden ist, du bist noch mitten im Spiel, war mein Vater noch mitten im Spiel, als es hieß, ich dürfe niemals auf das Wasserbett der Eltern meiner Mutter springen? Ich war, wie lange nach meiner Entführung? durch die weite Schlucht des Wohnzimmers in Round Rock gerannt, das sich über das größte Höhlennetzwerk von Texas spannte, hatte kurz vor dem Türrahmen kehrtgemacht, hinter dem ich drei oder vier Jahre später den Teufel sehen würde, hatte wieder Anlauf genommen und auf ihr Bett gesprungen – war das Spiel vorbei, als ich aufs Bett sprang und sie weckte? War das Spiel vorbei, als es hieß, so was dürfe ich nie wieder tun? Die Eltern meiner Mutter hatten das Zimmer versteckt, in dem mein Vater und ich geschlafen hatten, die Dunkelheit, in der ich immer wieder meinen Vater entdeckt hatte. War das Spiel vorbei, als mein Vater aufhörte, damit zu rechnen, dass ich im nächsten Moment aus dem Dunkeln auftauche, als hätte ich im Dunkeln gewartet? Er sagt, ich hätte meine Stirn gegen seine gedrückt, um im Dunkeln sehen zu können, ob seine Augen offen waren. Konnte ich aufbleiben? Meinen Vater in der Dunkelheit zu entdecken war so, als würde ich mich selbst entdecken. Die Eltern meiner Mutter hatten diese Dunkelheit unter einer anderen, unvereinbaren Dunkelheit versteckt, dem größten Höhlennetzwerk von Texas, versteckt unter einem Haus.

(Die Mutter meiner Mutter wusste nicht, was das sollte, was ich wollte, ganz bestimmt nicht, als ich, nachdem sie mich ins Bett gebracht und mir eine Geschichte vorgelesen hatte, ihr Gesicht packte und ihre Stirn zu mir heranzog, nicht beim ersten Mal, nicht beim zweiten Mal, und ich erinnere mich an sie, wie sie beim ersten Mal? beim zweiten Mal? ich sehe sie im Halbdunkeln zurückweichen, ein Nachtlicht brannte in einer Steckdose auf der anderen Zimmerseite, aber war es beim dritten Mal? beim vierten Mal? irgendwann begegnete sie meinem Blick und kippte den Kopf von Seite zu Seite und stieß ein Geräusch aus wie ein Alarmsignal, sodass mir beim Versuch, ihrem Blick zu folgen, schwindlig wurde, und ich kicherte, und vielleicht fragte sie sich dann, von wem ich diese seltsame Sache gelernt hätte, ich hatte nichts Seltsames getan, *sie* hatte etwas Seltsames getan, was mich zum Kichern brachte, von meinem Vater? aber wahrscheinlich hat sie sich eher gefragt, ob ich die seltsame Sache von meiner Mutter gelernt hätte, wie oft dachte die Mutter meiner Mutter in den ersten Wochen nach meiner Entführung an meinen Vater? öfter, als sie es je wieder tun würde? nur in einem der Momente, in denen ich ihnen ein Rätsel war, so wie damals, als ich mir zum ersten Mal ihr weißes Gesicht an mein schwarzes Gesicht heranzog? oder gar nicht, überhaupt nie? oder vielleicht war die Mutter meiner Mutter einfach nur erleichtert und stand von meinem Bett auf und wandte sich zum Gehen, nachdem sie mir gegeben hatte, was ich offenbar gewollt hatte.)

Aaron und Marc und ich standen im schummrigen Wohnzimmer der fremden Frau, die Jalousien waren fast geschlossen, wir standen in den blauen Schatten, die aussahen wie bekleidetes Licht. Die fremde Frau – aber wie kann sie hier fremd gewesen sein, in ihrem eigenen Wohnzimmer? – fragte nie nach unseren Namen, und wir fragten nie nach ihrem, sie blieb uns eine Fremde, und wir blieben ihr fremd, die fremde Frau setzte ihr Kind in einen Laufstall vor der gläsernen Schiebetür, an der die Jalousien unentschlossen das späte Sonnenlicht filterten, der Laufstall stand zwischen einer braunen Ledercouch und einem Fernseher, aber seitlich davon, um von der Couch aus den Fernseher sehen zu können, der Fernseher stand auf einer niedrigen Medienkonsole, helles Holz, offene Fächer zu beiden Seiten und dazwischen eine breite Schublade, die halb so tief war wie der Fernseher selbst. Die fremde Frau setzte ihr Kind in einen Laufstall und zog aus dem rechten Fach der Medienkonsole das Telefonbuch heraus. Sie reichte mir das Buch. Da bemerkte ich das weiße Telefon von der Größe und Form eines Bürotelefons, nur mit übergroßen Tasten, auf dem kleinen runden Tisch neben der Couch, zwischen der Couch und der gläsernen Schiebetür, aber außerhalb der Reichweite des Babys in seinem Laufstall, ich bemerkte das Telefon, und es schien mir, dass die Frau vielleicht die Frage erwartete, ob ich es benutzen dürfe, und ich sagte: »Danke. Ich brauch nur eine Nummer.« Die fremde Frau stand ein paar Meter vor mir, zwischen mir und dem Fernseher, und sah mir beim Blättern in den weißen Seiten zu. Da ich von Aaron und Mark abgewandt stand, mit Blick auf die gläserne Schiebetür, durch die ich nichts sehen konnte, da die Jalousien so fest verschlossen waren, dass keine Einzelaspekte der Außenwelt zu sehen waren, nur das Licht, die fremde Frau war wahrscheinlich die einzige Person, die meinen Blick sah, vorausgesetzt, sie sah mir ins Gesicht, oder niemand sah ihn, wie sieht ein Blick nach dreizehn Jahren aus? die fremde Frau war womöglich die einzige

Person, die meinen Blick sah, als ich einen Namen entdeckte, von dem ich glaubte, er könne der Name meines Vaters sein, »McCrae, S«, es war nicht mein Name, mein Name war der Nachname meines Großvaters damals, man konnte nicht wissen, ob der Name meines Vaters Stan Lee oder Stanley lautete. Ich sah seine Nummer. Ich knallte das Telefonbuch zu, reichte es der fremden Frau zurück, dankte ihr und ging, und wieder folgten mir Aaron und Mark, oder vielleicht war ich an ihnen vorbei zur Tür gerannt. Ich hatte ein seltsames Gefühl, als ich nach dem Türknauf griff, als dürfe ich ihn nicht anfassen, da ich in einem fremden Haus war.

Tage später, an einem Samstagnachmittag, rief ich meinen Vater an. Ich nahm das Telefonbuch, das Telefonbuch meiner Großmutter, von dem klapprigen Holztisch neben der Couch im Wohnzimmer, zwischen der Couch und der Haustür, ich war sechzehn. Fünf Jahre später, sechs Jahre später, brach bei meiner Großmutter Alzheimer aus, die ersten Anzeichen machten sich bereits bemerkbar, wobei ich die Anzeichen nicht erkannte, meine Mutter erkannte die Anzeichen nicht, ihr Temperament hatte sich verändert, bei Streitigkeiten schien ihre Wut jetzt über ihren Körper hinauszuwachsen, und sie wurde immer von der Stelle, wo der Streit gerade stattfand, immer im Haus, in ihr Schlafzimmer getrieben, und sie knallte die Tür hinter sich zu, und ich musste sie anflehen, wieder aus dem Zimmer zu kommen, wobei sie am Telefon, beim Streiten mit meiner Mutter, die immer noch in Portland wohnte, nicht flüchten konnte, also redete meine Großmutter einfach monatelang nicht mit ihr. Alzheimer brach bei meiner Großmutter aus, und das Haus, in dem sie jahrelang zweimal täglich Staub gewischt hatte, genau wie im Haus davor, und im Haus davor, und im Haus davor, versank im Müll, einen halben Meter tief, überall Müll, jedes einzelne Zimmer des Hauses platzte aus den Nähten, und der Tisch, von dem ich mir ihr Telefonbuch holte, verschwand unter einem Berg häuslicher Innereien, das Haus selbst wurde von der Krankheit meiner Mutter bei lebendigem Leibe seziert.

Ich nahm mir das Telefonbuch mit in mein Zimmer und schloss leise die Tür. Ich öffnete die weißen Seiten beim Buchstaben *K* und blätterte weiter bis zum Buchstaben *M*, dann zu »McCrae, S«, griff nach meinem schwarzen Telefon, dem billigsten, das wir finden konnten, wo wohl? B-Mart, wahrscheinlich, und wählte die Nummer neben dem Namen. Es klingelte einmal und eine Frau ging dran, ich erinnere mich, dass ich später dachte, da war etwas an ihrer Stimme, als hätte sie auf mein Anruf gewartet, und meine eigene Stimme zitterte, noch bevor ich ein Wort sagte. Ich sagte: »Hallo. Könnte ich bitte mit Stan … Lee McCrae sprechen?«

Die Frau sagte: »Einen Augenblick«, und legte den Hörer hin.

Und wie lange danach hörte ich, wie jemand den Hörer in die Hand nahm, ein komprimiertes Scharren, und ich hatte keine Zeit, den Gedanken »Mein Vater geht jetzt ans Telefon« zu Ende zu denken, wobei ich den Gedanken immerhin anfing zu denken, und dann war da seine Stimme: »Hallo?«, die ich seit dreizehn Jahren nicht gehört hatte, sofort wie keine andere Stimme – ein Akzent, den ich nicht einordnen konnte, Musik von irgendwoher, woher, wusste ich nicht mehr, sie flackerte mit jeder Silbe, selbst ein simples Wort wie »Hallo« war aufgelockert durch die Musik, schwer zu verstehen, wobei ich wusste, dass er »Hallo« gesagt hatte, obwohl ich nur die Musik gehört hatte. Und ich fragte ihn nach seinem Namen.

DANKSAGUNG

Als ich zum ersten Mal darüber nachdachte, dieses Buch zu schreiben, glaubte ich, dieses Buch würde unmöglich zu schreiben sein. Und es wäre unmöglich gewesen, hätten mich meine Freunde und meine Familie und Agenten (auch Freunde) und Lektoren (auch Freunde) beim Schreiben nicht unterstützt. Weil sich die Liebe zu Freunden nicht mit Worten aufwiegen lässt, führe ich sie hier in alphabetischer Reihenfolge auf. Mein tiefer Dank geht an: Amy Acre, Timothy Donnelly, Jonathan Galassi, Alan Gilbert, Claire Gillespie, Derek Gromadski, Jake Wild Hall, Anastasios Karnazes, Dorothea Lasky, Joshua Mehigan, Bradford Morrow, Paul Muldoon, Deborah Paradez, Chris Richards, James K.A. Smith, Ellah Wakatama, G.C. Waldrep, Alice Whitwham und Lynn Xu. Und großer Dank auch an alle von The Cheney Agency und von Scribner, Freunde und künftige Freunde. Sollte ich versehentlich einen Namen ausgelassen haben, ist das kein Zeichen geringerer Liebe, sondern lediglich der Beweis, wie schlecht mein Gedächtnis inzwischen ist.

Weil es mir beim Schreiben dieses Buches beim Denken geholfen hat, hier das Eingangszitat von Catherine Pickstock aus ihrem Buch *After Writing* noch einmal in Gänze: »*Wiederauferstehung ist der Prozess der nicht-identischen Repetition, nach der das Wiederholte nicht unvermittelbar anders, sondern analog ähnlich ist. Diese erlösende Rückführung ist das, was es einem Menschen ermöglicht, eine Geschichte zu erzählen, denn damit es eine Geschichte gibt, muss es ›analoge‹ Subjekte und Objekte geben, die ähnlich und doch anders fortbestehen. … Und so ist jede Geschichte eine Geschichte der Wiederauferstehung.*«

Zum Schluss möchte ich meinen Kindern danken, und ich möchte Melissa McCrae danken, ohne deren Liebe und Unterstützung ich nicht nur nicht glücklich sein könnte, sondern überhaupt nicht sein könnte.